“说话的艺术”

聪明女性的口才魅力与修养

夏 沫◎著

中国经济出版社
CHINA ECONOMIC PUBLISHING HOUSE
· 北京 ·

图书在版编目（CIP）数据

说话的艺术：聪明女性的口才魅力与修养 / 夏沫著 .
北京：中国经济出版社，2025. 3. --ISBN 978-7-5136-8076-9

Ⅰ. H019-49

中国国家版本馆 CIP 数据核字第 2025SA8518 号

责任编辑　张梦初　高　鑫　戴　瑛
责任印制　马小宾
封面设计　于德梅

出版发行　中国经济出版社
印 刷 者　三河市宏顺兴印刷有限公司
经 销 者　各地新华书店
开　　本　880mm × 1230mm　1/32
印　　张　6
字　　数　120 千字
版　　次　2025 年 3 月第 1 版
印　　次　2025 年 3 月第 1 次
定　　价　52.00 元
广告经营许可证　京西工商广字第 8179 号

中国经济出版社　网址 http://epc.sinopec.com/epc/　社址 北京市东城区安定门外大街 58 号　邮编 100011
本版图书如存在印装质量问题，请与本社销售中心联系调换（联系电话：010-57512564）

前言

PREFACE

有人说："一个人的眼睛是他的现在，而嘴巴才是他的未来。"这句话有一定的道理，一个人的口才在很大程度上左右着他的生活走向与未来发展态势。相对而言，女性所面临的社会环境、职场环境和生活环境较男性所面临的更为复杂。

一个真正成功的女性，不仅要在家庭中收获美满，还要在职场上春风得意。无疑，这就对现代女性提出了更高的要求。而要想达到此目的，良好的口才是必不可少的。

但遗憾的是，能够清晰地洞察到这一点的女性并不多。很多女性朋友认为，良好的口才不过是锦上添花的点缀之物，美丽的外表和过硬的职业技能才是最重要的。事实上，这种认知是存在偏差的！口才是现代女性职业生涯中重要的一项素质和能力，绝对不可忽视。

现代社会越来越重视人与人之间的交流和沟通，凭什么沟通——凭的就是嘴巴；凭什么交流——凭的就是口才！对于职业女性而言，在办公室的场景中，她们需要和上司交流以明确工作方向，与下属沟通以推动工作执行，和同事协作以促进团队融合，同客户洽谈以促成业务合作；而在家庭中，她们需要与丈夫交流以增进夫妻感情，和子女对话以引导其健康成长，跟父母沟通以表达关爱与尊重，与公婆交流以营造和谐家庭氛围，同邻居交流往来以构建友好邻里关系。这林林总总的交流场景，无一不需要卓越的口才作为支撑。

显然，那些缺乏良好口才的女性，在建立上述和谐关系中会面临更多的挑战和困难。那些挑战和困难不仅会让她们在人际交往中感到压力，还可能削弱其自信心，进一步加剧沟通障碍。所以，练就卓越口才对女性来说十分重要。

当然，精妙绝伦的口才并非与生俱来，而是历经长时间且具有明确目标的有意识训练方可获得。我们说，会说话的女性聪明的理由就在于此，因为她们深切知晓，会说话能够赢得他人的关爱与倾慕，能够积攒良好的人缘，能够使自身的魅力得以数倍放大，能够构筑起温馨且幸福的港湾。并且，她们会为了达成这些令人向往的目标，刻意且用心地去修炼提升自己的说话水平。这样的女性，智慧与魅力并存。

本书正是专门为了帮助女性朋友达成这一目的而精心编写的，书中所择取的实例紧密贴合生活实际，充满趣味性，学习起来轻松易懂、易于掌握。相信广大女性朋友在拥有这本书后，在面对各种各样的人物时，都能够做到应对自如、处变不惊，成功蜕变为一个善于言辞的智慧女性。

目 录

CONTENTS

第三章　聪明女性，懂得说话的分寸感

第四章　言语及心的女性，轻松赢得他人赏识

第五章 谈吐优雅更添女性魅力

第六章 职场女性，会说话胜过会做事

第七章 规避冲突，能言善道最重要

第八章 温情话语为家庭幸福加温

第一章

会说话的女性更受欢迎

会说话的女性善于用恰当的言辞表达诉求，懂得以温和、友善的方式与人交流，其言辞给人如沐春风之感，从而使其在人际交往中备受欢迎。

做个嘴甜、会说话的女性

美国人类行为科学研究者汤姆士曾指出：“会说话是一个人成名的捷径，它能使人地位显赫，鹤立鸡群。它使一个人的才学充分拓展，熠熠生辉，事半功倍，业绩卓著。”他甚至断言：“发生在成功人物身上的奇迹，一半是由口才创造的。”

在人际交往的舞台上，语言是最直接和最有效的沟通工具。聪明会说话的女性懂得如何运用语言魅力，展现自己的智慧与修养，赢得他人的好感。她们通常用适宜的话语表达自己的观点，使人们在不知不觉中被吸引，甚至愿意因喜爱她而接受她所说的一切。这种现象，我们常称为“爱屋及乌”。

嘴甜、会说话的女性，总是能够巧妙地把握好说话的时机和分寸。她们在面对不同的场合和人群时，能迅速切换语言模式，用最恰当的言辞表达自己的想法和感受。无论是在轻松愉悦的聚会中，还是在严肃紧张的商务谈判中，她们都能游刃有余地展现出语言的魔力。

而且，她们说话嘴甜并非刻意地奉承，而是发自内心的真诚表达。她们善于发现他人的优点和闪光点，并毫不吝啬地给予赞美和鼓励。这种积极的语言氛围，让身边的人愿意与她们亲近和交流。人们认为，和这样的女性在一起，总是能收获满满的温暖和正能量。

美国女记者芭芭拉·华特奉命采访美国航空业界巨头亚里士多德·苏格拉底·奥纳西斯，但是在采访现场，奥纳西斯一直在与同行们热烈讨论货运价格、航线、新的空运构想等问题，她始终插不上一句话。

一上午很快就要过去了，芭芭拉始终没有机会提出问题。

在共进午餐时，芭芭拉趁大家暂停谈论业务的短暂间隙赶紧用甜美的声音向奥纳西斯提问："尊敬的奥纳西斯先生，您不仅在航空业方面，在其他方面也取得了让世人称赞的成就，给了我们太多惊喜！我想请教一下，您当初的志向就是航空业吗？能不能和我们讲讲您创业的秘诀？"

这番话语就像优美的音符拨动了奥纳西斯的心弦，让他抛开其他人，单独和芭芭拉交谈起来。就这样，芭芭拉顺利地完成了自己的采访任务。

无疑，芭芭拉是聪明的，她非常得体地用"甜言蜜语"赞美了对方取得的卓越成就，让对方的荣誉感和自豪感得到了极大的满足，而后又抛出了很"私密的问题"，繁忙的成功者正好借机回顾自己或辛酸或温暖的早期奋斗生涯。

女性要注重锤炼自己的语言能力，努力让自己成为一个嘴巴甜、会说话的女性，做到谈吐自如、妙语连珠，在谈笑风生中尽显自己的风采和魅力。

女性会说话和其出身、成长环境及阅历并没有多大关系。这个世界上没有不会说话的女性，只有不愿意"修炼"口才的女性。会说话，尤其是嘴巴甜、会说话的女性，会生活得更自信、更精彩。

那么，女性如何“修炼”自己的口才，让自己的嘴巴甜、会说话呢？

首先，可以多阅读一些关于口才的书籍，不断丰富自己的知识储备，这样才能在各种话题中都能应对自如，说出既有内涵又动听的话。平时多学习，多积累素材，多鼓励自己发言，多与人分享，说话水平将会得到有效的提高。

其次，要保持真诚的态度，让赞美与甜言蜜语源于内心，而非刻意奉承。平时多去发觉他人的优点和闪光点，并及时给予真挚的赞美。语气要温和、亲切，用词要讲究，要使用令人感到温暖和愉悦的词汇。

再次，要注意说话的时机和场合，要在合适的时候说合适的话，不抢话也不冷场。平时可多观察那些会说话的人是如何表达的，学习他们的技巧和方法，并在实践中不断磨炼自己的表达能力。保持乐观积极的心态，让自己的话语也充满正能量，给人带来希望和快乐。

最后，培养良好的倾听习惯。在与他人交流时要认真听，准确理解对方的需求和感受，然后根据情况给予恰当、贴心的回应。

女性嘴甜、会说话不仅是一种表面的沟通技巧，而且是内在修养和智慧的外在表现。她们通过恰到好处的赞美、真诚的肯定、巧妙的调解以及积极的鼓励，赢得了人们的爱戴和尊重。在这个过程中，她们展现出了自己的人格魅力，促进了人际关系的和谐发展。

有一种喜欢叫“话”有引力

说话有吸引力，对于女性来说是一种极为有效的交往技巧，它能够巧妙地拉近人与人之间的心理距离，让女性有能力结识更多的朋友。那些善于用有吸引力的话语与他人交流的女性，往往能在各种社交场合中游刃有余。

说话有吸引力的女性，她们的言辞不仅能够清晰地表达思想，而且能引起他人的共鸣，赢得大家的喜欢。这背后，不仅是话语本身的魔力，还是智慧与情感的魔力，是“话”有引力的体现。

克丽奥佩特拉，古埃及的末代女王，是智慧、美丽和魅力的化身。她生活在一个充满政治动荡和权力斗争的时代，但她凭借自己的才智和吸引人的言辞，不仅保全了自己的王位，还扩展了埃及的影响力。

在一场盛大的宴会上，一位外国使节前来觐见，克丽奥佩特拉微笑地看着他，用温柔而富有磁性的声音说道：“远方而来的尊贵客人，欢迎您来到我们美丽的埃及，您的到来让这片土地更加熠熠生辉。”那位使节顿时被克丽奥佩特拉的话语吸引，心中对这位女王多了几分好感。

一次，在与大臣们商议国事时，克丽奥佩特拉目光坚定地说：

“亲爱的大臣们，我们要为了埃及的繁荣和人民的幸福而努力，我相信我们一定能够做到。”大臣们听后，无不为她的话语所鼓舞，纷纷表示愿意全力辅佐她。

当罗马统帅恺撒来到埃及时，克丽奥佩特拉在他面前展现出迷人的魅力，轻声说道：“伟大的恺撒，您是世间的英雄，埃及渴望能与您携手创造辉煌。”恺撒被她的话语深深打动，从此与她结下了深厚的情谊。

克丽奥佩特拉凭借着她那充满吸引力的话语，在埃及的历史上留下了浓墨重彩的一笔，让人们永远铭记着这位智慧与魅力并存的女王。

心理学家研究表明，每个人在不同程度上都会将自己视为“中心”，都格外关注自己，都渴望得到别人的关注。所以，女性学会用有吸引力的话语与他人交流，会让自己拥有良好的人缘，促进人际关系和谐、工作顺利开展、生活充满欢乐、事业取得成功。

每个人都希望被看见、被肯定，而说话有吸引力的女性恰恰掌握了这一点。她们不仅能够发现他人身上的光芒，还能用恰到好处的赞美将其放大。比如，面对同事的成就，她们不会吝惜自己的赞赏：“你真的很棒。这个项目的成功离不开你的付出！”这样的认可不仅能够激发对方更大的潜能，还能够有效地拉近双方的距离。

此外，说话有吸引力的女性在交流中常融入幽默元素，能够有效地缓解紧张的气氛，使对话变得生动有趣。同时，她们也懂得如何巧妙地引入知识和见解，使谈话内容丰富、引人入胜。在轻松愉快的氛围中，人们更容易敞开心扉，建立信任和亲近感。

更重要的是，说话有吸引力的女性深谙沟通的艺术，知道在适当的时候沉默是金。她们明白，真正的沟通并不只是单方面的表达，而是双向的交流。因此，她们会给予对方足够的空间，用耐心的倾听来表达尊重和关心。当朋友们知道有人愿意倾听的时候，他们更愿意向对方敞开心扉。

说话有吸引力的女性深深地知道情绪对人的影响，她们知道如何通过调节自己的语气、语速甚至表情来传递积极的情绪。她们的话语中充满了阳光和正能量，让人感受到希望与勇气。在这样的影响下，人们更容易与她们建立起深厚的友谊。

综上所述，说话有吸引力的女性之所以能够获得他人的喜欢，并非偶然。她们凭借对人性的深刻理解，以及对沟通技巧的熟练运用，创造出一种独特的“话”有引力。这种力量不仅能够吸引他人，也能够维系和深化人际关系。在这个多元而复杂的世界上，掌握这种力量的女性无疑具备了更强的社交能力和更广阔的人生视野。

自嘲，解除自我尴尬的高级沟通术

在现实生活中，我们经常会遇到一些才华横溢、声名显赫的人物。他们或许在某个领域有着卓越的成就，或许因为某种特质而备受瞩目。然而，正是这种超群绝伦的才华和声望，让人感觉他们难以接近，甚至产生一种高不可攀的距离感。

面对这种情况，那些真正懂得人际交往艺术的人往往会选择一种巧妙的策略来化解这种距离感——那就是适度的自嘲。适时地在众人面前拿自己的不足或尴尬开个玩笑，借此拉近与他人的距离，甚至还可能获取阵阵喝彩声。

著名主持人杨澜在担任《正大综艺》节目主持人时，曾被邀请主持某市的一次大型文艺晚会。出乎意料的是，在晚会进行到中途时，杨澜在下台阶时不小心摔了下来。在这种大型场合出现如此情况，确实令人尴尬。但杨澜非常沉着地爬了起来，微笑着对台下的观众说："马有失蹄，人有失足。而我今天来个狮子滚绣球，滚得还不错吧？看来这次演出的台阶不是那么好下的，但台上的节目会很精彩的，不信，你们瞧他们。"

杨澜这段自我解嘲式的即兴话语非常成功，成功地使自己摆脱了难堪，显示出了非凡的口才。她话音刚落，全场就立刻爆发出热烈的掌声。

这种自嘲并不是自我贬低，而是一种自信的表现。只有真正自信的人，才能够勇于面对自己的不足，并敢于在他人面前展现真实的自我。同时，这种自嘲体现了一种幽默感和智慧。它不仅能够缓和紧张的氛围，使人们感到轻松愉快，还能够传递出一种谦逊和平易近人的态度，让人感受到真诚和可爱。就如同杨澜这般，以自嘲为润滑剂，轻松化解困局，展现出不凡的智慧与魅力。

当遇到一些小状况或小尴尬时，通过恰到好处的自嘲，不仅能化解难题，还能为自己增添一份独特的亲和力，让他人更愿意亲近和欣赏。自嘲就像一把神奇的钥匙，能打开更多人际交往的大门，让彼此的关系更加融洽和谐。而那些懂得运用自嘲的睿智女性，也必定能在人生的舞台上绽放出更加绚烂的光彩，收获更多的尊重与喜爱。

从心理学角度来看，自嘲是一种幽默的生活态度，是聪明人的智慧火花。自嘲表现的是自嘲者的低姿态以及良好的修养，是当事人采取的一种貌似消极、实为积极的促使交谈向好的方向转化的手段，所以，自嘲者敢于拿自己"开涮"，而不会去伤害其他任何人。可以说，它既是一种幽默的说话方式，也是一种幽默的生活态度和心理调节方式，能增加生活的乐趣，能解除尴尬，能拉近人与人之间的距离，收获满堂的喝彩。

不过，虽然自嘲好处不少，但凡事不可过度，适度地自嘲可以缓和紧张的气氛，化解尴尬的场面，赢得他人的好感，但如果刻意自嘲或频繁自嘲，就会给人一种对自己的不尊重之感。而一个不尊重自己的人，自然也得不到他人的尊重。

因此，女性在自嘲时应把握好以下两点：

第一，自嘲要适度。自嘲仅是一种辅助性的表达手段，不可乱用，要避免引起别人的误解或伤害他人。自嘲所表现的意义一定要积极，应给人一种启发性，避免给人留下没有道德、要小聪明和耍嘴皮子的印象。那样，只会让大家觉得你浅薄无聊。

第二，自嘲要看场合。在比较正式的场合，如面试、开研讨会等场合尽量不要使用自嘲的方式，而应直白且诚恳地发表自己的观点。不要遇到什么事情都用自嘲来寻求解脱，如消愁、逃避、讥讽，本着这样的心态来自嘲，最终只会适得其反。

总之，睿智的女性懂得用适度的自嘲与他人沟通，这既是一种高明的社交技巧，也是一种对生活细节的宽容和接纳。因此，懂得适度自嘲的女性更容易赢得他人的尊重和喜爱，她们的智慧和风度，总能在人群中熠熠生辉，赢得他人的喝彩声。

社交场合一定要会说场面话

场面话，顾名思义，就是适合在特定场面讲的一些话。比如，“见到您非常高兴”“下次请您喝茶”“改天请您吃饭”“有时间向您请教”，等等。有人可能会说，场面话就是逢场作戏，说一些永远也兑现不了的谎话、胡话、瞎话、废话、鬼话。

其实不然，说场面话是社交礼仪的重要方面，体现了一个人的交际智慧，是人际交往时的必备用语。很多时候，不会讲场面话，社交之路坎坷；不懂场面话，友谊之桥难以搭建；忽视场面话，人脉之网无法织就。善于讲场面话的人，总能轻松化解尴尬，拉近与他人之间的距离，建立起广泛的人脉网络。

所以，恰当地说场面话，不仅是一种语言修养，也是一种社交技能。在正式的商务场合，我们需要用专业、严谨的场面话来展现自己的能力和诚意，而在轻松的好友聚会上，则可以用幽默、风趣的场面话来营造愉悦的氛围。

秦国宣太后芈八子是一位极具影响力的女性。在一次楚国攻打韩国的事件中，韩国多次派遣使者向秦国求救，但掌权的宣太后因为自己是楚国人，不愿意轻易出兵援救。

当韩国派出能言善辩的尚靳来到秦国朝堂时，宣太后高坐堂上。

尚靳言辞恳切，称韩国一直对秦国忠心耿耿，在诸多事务上紧密追随，如今面临危机，希望秦国能出手相助。他的话语条理清晰，让朝堂众人都为之动容。

此时，宣太后微微一笑，说道："尚靳大夫啊，你可知我秦国与韩国之间的情谊深厚，我们也一直关注着韩国的局势。然而，出兵兹事体大，我们也得权衡利弊呀。就如同我们在生活中，朋友之间也需要相互理解和支持，在适当的时候伸出援手。我们秦国自然也希望韩国能安然无恙，但这其中的复杂性，还望尚靳大夫能体谅呀。"这一番场面话，既肯定了秦国与韩国的关系，又委婉地表达了自己的顾虑，让尚靳一时也无法反驳。

接着，宣太后又说："我们秦国也有自己的难处，国内事务繁多，兵力调配需谨慎安排。但我们会认真考虑韩国的请求，也希望韩国能继续与我们保持良好的沟通与合作。"这话说得滴水不漏，既显示了秦国的重要地位，又给了韩国一丝希望，不至于让场面太过尴尬。

不得不说，宣太后这番场面话的运用恰到好处，既避免了直接冲突和尴尬，又为秦国争取了更多的思考和周旋空间，让秦国在与韩国的外交互动中占据主动地位。同时，这也彰显了在社交场合会说场面话的好处，它能让各种关系在看似平和的氛围中得以维系和发展，避免了生硬地拒绝或对抗可能带来的不良后果，使得秦国在复杂的国际关系中能够更加游刃有余，也让他人对秦国的印象更加良好，为秦国的长远发展奠定了一定的基础。

从宣太后所说的场面话中可以看出，要想说出一番得体的场面话需要注意以下要点。

首先，话语中要透露出真挚的情感，让对方明确感受到你的诚意，绝不能有丝毫的敷衍或虚假；只有这样，对方才能真正接受并相信你的话，从而在情感上产生共鸣和连接。

其中，要注意使用积极向上的词语。积极向上的词语如灿烂阳光，能给人带来温暖和动力，能迅速营造出充满正能量的氛围，让对方沉浸在愉悦之中，更乐于接受和回应你的话语。

其次，避免泛泛而谈。要通过具体事例或描述来阐述你的观点或建议，便于对方理解和接受。表述时，要充分考虑对方的身份、性格和所处情境等因素，有针对性地调整话语。对不同的人要用不同的方式表达，这样才能让场面话更符合对方的心理需求和实际感受。

再次，要表现出你对对方感受或处境的理解和认同，让对方觉得你是站在他这一边的，这样能迅速拉近彼此的距离。比如，分享相似经历或表达相同感受，使双方产生情感上的共鸣。说话时，不要说得太满，要为可能出现的变化预留空间，避免日后因情况变化而导致尴尬局面出现。适当保留一些弹性，让场面话在各种情况下都能保持一定的合理性和适应性。

最后，要保持合适的语速，给对方留出足够的时间来接收和回话。语速过快可能让对方难以跟上，语速过慢又可能让气氛变得尴尬。合适的节奏能让双方交流得更加顺畅自然。

总之，得体的场面话是人际交往中的一门艺术。掌握好这门艺术，不仅能让我们在社交场合中更加游刃有余，还能让我们的人际关系更加和谐、融洽。女性朋友，应该学会在不同社交场合下得体运用场面话，让自己成为一个受欢迎的人。

做一个富有风趣感的女性

有人做过这样一项调查，以《红楼梦》中十二钗中谁是最理想的婚姻对象这一问题，采访了不同阶层的几十位未婚男士。

调查结果出乎人们的意料，林黛玉、薛宝钗并不是他们的首选；相反，出场不多，且有点吐字不清的“傻丫头”史湘云却大受追捧。问及原因，他们认为林黛玉太过尖酸刻薄，而且整日病恹恹的，让人爱不起来；薛宝钗太过世故，很难忍受她整日在耳边唠叨“仕途功名”；王熙凤势利狠毒，而且比男人能干，也不适合做老婆；尤三姐虽是女中豪杰，但个性太过刚烈，让人吃不消；至于迎春、尤二姐之辈，又太过软弱，毫无主见。

相比之下，史湘云没有她们或尖酸或世故或狠毒或刚烈或软弱的缺点，她活泼开朗，既可以豪爽地和宝玉开玩笑，又能在醉卧芍药花下，保持优雅，即使偶尔使下小性子也总是很快就能释然，和她在一起会十分开心又有情趣。其中，史湘云天生的风趣为她提高了不少人气。可见，风趣感对于女性来说可以出奇制胜，甚至可以化腐朽为神奇。

一个富有风趣感的女性，能让她在人际交往中更加受欢迎，能为她增添一份独特的迷人风采，能让周围的人感到轻松和愉快，还能让人在遭遇挫折和困难时，用笑声化解心中的苦闷。

当然，女性的风趣不同于男性，它更多地来自女性对生活的独特体验和理解，是一种点点滴滴中的智慧释放。一个懂得风趣的女性一定充满智慧，而且必定是善解人意的。她懂得运用自己的方式化解难堪和苦恼，微笑是她们常用的“武器”；她们懂得生活，懂得运用智慧增添自己的迷人风采。

伊丽莎白女王对美国进行访问时，美国总统里根热情地邀请她参加盛大国宴。

当众人齐聚一堂，氛围融洽之时，伊丽莎白女王优雅地站起身来，微笑着开始发言。她以那一贯的从容姿态缓缓说道：“亲爱的朋友们，我必须得说，这次来到美国，我可是有一个特别的发现。我发现英国人最常见的话题——天气，在这里也变得特别有趣。自从我踏上美国这片土地，在加利福尼亚州，这雨就一直下个不停。我这一路仿佛都在雨中艰难跋涉。我现在才知道，原来那些清教徒从我的国家不仅带来了许多新的习俗，竟然还把这糟糕的天气也带来啦！”

女王的话音刚落，在场的众人先是一愣，随即便爆发出一阵欢快的笑声，尤其是里根总统更是笑得前仰后合。大家都为女王这风趣幽默又略带俏皮的话语所感染，整个国宴的氛围也变得更加轻松愉悦。在那一刻，伊丽莎白女王用她独特的风趣，给人们留下了深刻而又美好的印象。

从此以后伊丽莎白女王风趣的形象深深地印在了在场每个人的心中，人们越发感受到这位女王的可亲与可爱。多年后，人们提起这场国宴，首先想到的便是伊丽莎白女王那充满风趣的言辞，那仿佛成了一段佳话，长久地流传着，让人们每每想起，都会会心一笑，感叹女王那无尽的风趣与魅力。

事实上，说话风趣对于女性来说是一种风度，一种优雅，一种灵魂修炼，一种自我美化，一种高层次的人生品位。拥有它，就会拥有一份生命的潇洒与美丽，从而能够以更加自信从容的姿态面对生活的种种。

一个说话风趣的女性，也一定是个热爱生活的女性，她会用笑声去感受生活，去化解爱情、事业和生活道路上的一切问题；她身上会散发出一种淡淡的从容：这样的女性，必然自信优雅，也必然会得到男人的青睐。因为没人愿意和一个整日愁眉苦脸、忧心忡忡的女性谈恋爱或者生活。

想要成为一个极具风趣感的女性，需要我们在平日的生活里持续不断地去实践并逐步积累。只要我们始终保持着乐观向上的心态，学着以风趣的方式去应对生活中的所有事务，那么相信我们必定能够成为一个颇受欢迎且风趣感十足的女性。

所以，做一个富有风趣感的女性吧，如此一来，我们的生活便能充满无尽的情趣，处处洋溢着温情，时刻弥漫着欢悦，也会被满满的幸福环绕。风趣就像一把神奇的钥匙，能为女性打开丰富多彩且充满魅力的生活之门。

用诙谐的语言让人气旺起来

在这个快节奏、高压力的时代，人们之间的交流往往充斥着紧张与刻板，仿佛每一句话都是在进行一场无声的较量。然而，在这样的氛围中，聪明的女性总是能够凭借诙谐的言辞来缓解气氛，那些善于运用诙谐语言的女性，往往人气很旺，与人交流轻松愉快。

诙谐的言辞是一个人所具备的种种学识才华与智慧在语言层面的集中呈现，它体现的是一种能够精准捕捉可笑或诙谐场景的能力，具体表现为运用耐人寻味的语言来表达情感、传递信息，进而引起听众内心的愉悦感和浓厚兴趣。

诙谐的言辞有神奇的魔力，它可以促使我们将内心积压的紧张和沉重压力统统释放出来，最终化为轻松愉快的一笑。

诙谐的言辞绝不是故作天真幼稚，而是从多个不同视角去深入透视事件或问题，且努力找出其中充满情趣的一面，然后对其进行凸显化、集中化的巧妙语言处理。如此这般，才能把原本的紧张、严肃成功转化为轻松和乐趣。

美剧《了不起的麦瑟尔夫人》的女主角米琪·麦瑟尔是一名脱口秀演员，她那诙谐幽默的语言令她的人气旺得超乎想象。每次她出现在舞台上，都能像磁石一般紧紧吸引住观众的目光，让大家沉浸在欢乐的氛围中无法自拔。

在一次脱口秀表演中，米琪谈到了女性在社会中面临的压力。她说："为什么女性总是要追求完美？我们要完美的身材、完美的家庭、完美的事业，难道我们就不能有一点不完美的地方吗？比如，我就很喜欢我的小肚腩，它让我看起来更有个性！"观众被她的诙谐逗得哈哈大笑。

还有一次，米琪在舞台上分享了她的一次约会经历。她说："我和一个男人出去吃饭，他一直在谈论他自己。我想，好吧，也许他只是有点紧张，但是当他开始谈论他的前女友时，我就忍不住了。我说：'嘿，你知道吗？我也有一个前男友，他是个很棒的人，但是他有一个缺点，就是他不是你！'"观众再次爆发出笑声和掌声。

米琪的诙谐不仅让她在脱口秀舞台上大放异彩，也让她成为一个备受欢迎的名人。她的故事告诉我们，诙谐的语言是一种强大的力量，可以帮助我们缓解压力，增强自信，赢得他人的喜爱和尊重。

其实，聪明的女性是懂得如何运用诙谐言辞力量的。她们知道，一句话可以成为桥梁，也可以变成障碍。在社交场合，她们总是能够察言观色，根据对方的情绪和反应，适时地调整自己的言辞。她们不会盲目地追求直率，而是会选择更加圆润、更具包容性的方式来表达自己的观点和建议。她们的语言既有深度，又不失风趣，让人在轻松中感受到智慧的火花。

在适当的时候加入一点诙谐的言辞，能让对话不至于陷入僵局。比如，在一次严肃的商业谈判中，当气氛变得紧张时，如果巧妙地插入一个合适的小笑话，可以瞬间化解尴尬，使双方都能放松下来，从而更加理性地看待问题。当然，这种幽默诙谐不是无的放矢，而是建立在对话题深刻理解和对场合准确把握的基础上的。

不过，任何时候诙谐的言辞都不可太过，而要注重分寸。因为过分的玩笑可能会伤害到他人，因此在保持轻松的同时，也要兼顾尊重。我们需要在不伤害任何人的情况下，让人们产生共鸣，这是一种高级的社交技巧。

总之，聪明的女性在交流中展现出的智慧和幽默，是她们社交能力的重要体现。她们用诙谐的言辞缓解气氛，用智慧的话语促进沟通，用倾听的态度展现尊重，用故事的方式传达思想。她们的语言艺术不仅让交流变得更加愉快，也让自己的魅力得以充分展现。在这个世界上，聪明的女性就像一抹亮色，用她们的智慧和幽默，为人们的生活增添了无限的光彩。

用智慧和幽默收获众人之心

会说话，是智慧的火花，也是沟通的艺术。一句俏皮话，一个机智的反应，往往能瞬间打破僵局，缓解紧张气氛，使对话变得轻松愉悦。而对于聪明的女性而言，会说话不仅是一种智慧的展现，也是她们在言语交流中俘获人心、赢得好感的有力武器，就像一股清泉，能在瞬间滋润人们的心田。

会说话，得人心，实质上是一种深层次的人际互动和情感共振。会说话的女性通常有很高的情商，能够洞察听众的需求和反应，进而根据情境灵活调整自己的沟通策略。她们知道如何以积极的语言激发别人的积极性，以及如何通过有效的倾听展示对他人的尊重和关怀。这样的女性往往能够在各种社交场合中成为焦点，用优雅的谈吐和富有洞察力的对话，吸引并留住人心，从而在无形中建立起广泛的影响力和好感度。

杨澜主持《正大综艺》节目时，她所呈现出的语言风格简直可以说是既犀利风趣又充满让人沉醉其中的幽默。她的每一次表达都犹如灵动的音符，深深打动着观众的心，也因此赢得了广大观众高度的好评与喜爱。

记得有一次，在节目中，杨澜的搭档带着十分夸张的表情和语气说道："你们知道吗？只要一提到那远在北极的加拿大，哎呀，我这身上，就仿佛被一股神秘的冷意侵袭，冷得直打哆嗦，简直受不了啦！"

就在搭档话音刚落的一刹那，杨澜那聪慧的眼眸中闪过一丝灵动的光芒，她迅速而又巧妙地接过话头，进一步以无比形象且具体到极致的方式描述道："哈哈，我呀，也听人讲过这样一件趣事呢。说是有那么两位加拿大人在室外交谈，你们能想象吗？那里的天气冷到一种难以想象的程度，他们刚从嘴里说出的话，几乎是在瞬间就被冻成了冰碴儿，那场景真的是太奇妙啦！所以呀，他们必须得赶快用手接住这些冰碴儿才行呢。但是呢，如果我们想要听到他们具体说了些什么内容，那可就有意思啦，还得把这些冰碴儿带进屋里之后，用火小心翼翼地烤一下才能听见呢……"

杨澜这番绘声绘色的描述，犹如一场精彩绝伦的表演，让观众再也抑制不住内心的笑意，一个个都笑得前仰后合，捧腹不止。整个演播室内顿时充满了欢乐的笑声，气氛也在一瞬间变得无比活跃与轻松。

很显然，杨澜如此独特而又充满魅力的幽默谈吐，让她在观众心中的地位越发稳固，收获了无数观众的心。大家对她越发喜爱和赞赏，而她主持的节目效果也因为她的这份幽默而变得更加出色，仿佛为整个节目注入了一股神奇的魔力，让每一个观看节目的人都深深地沉浸在欢乐且充满趣味的氛围之中。杨澜用她的智慧和幽默，完美地诠释了一个优秀主持人的魅力与风采，她的光芒照亮了整个舞台，也照亮了每一个观众的心。

如果你也想像杨澜那般通过幽默说话来成功俘获众人的心，那么不妨尝试一下以下方式，或许可以助你达成所愿。

首先，要善于观察生活中的点滴趣事，从中汲取幽默素材，在恰当的时候以轻松诙谐的方式分享出来，让人会心一笑。比如，用幽默的语言讲述自己遇到的小尴尬或小意外，让大家在欢笑中产生共鸣。

其次，学会巧妙运用夸张、反转等手法来表达观点，制造出意想不到的幽默效果。例如，对一些常见现象进行夸张化描述，引发大家的笑声和兴趣。还要拥有敏捷的思维和快速的反应能力，能在各种情境下迅速接住别人的话题，并以幽默的方式回应，让交流变得更加有趣和生动。

最后，偶尔自嘲一下也是不错的方式，以幽默的态度看待自己的小缺点或不足，让别人感受到你的真实和亲和力。同时，平日里要多积累一些幽默的段子和笑话，但是注意一定要紧密结合具体的场合和当下的氛围，然后适时且自然巧妙地抛出，千万不能毫无头绪地生搬硬套。在与他人进行互动交流时，采用幽默诙谐的方式去给予关心与鼓励，从而使对方能在轻松愉悦的氛围中切实感受到你的那份善意和温暖。

总之，聪明的女性会在生活中持续不断地实践和巧妙运用这些方法。她们以充满幽默的说话方式来尽情展现自我，如此一来，便能自然而然且轻松地收获人心，使大家都由衷地喜欢与她们相处，只因为她们的幽默如同温暖阳光，能照亮他人的内心，带来无尽欢乐与融洽。

把不好听的话说得悦耳动听

在人际交往的纷繁世界中，语言不仅是沟通思想的工具，也是表达心灵、传递情感的桥梁。有些话语虽是出于好意，却因措辞生硬而难以被人接受。会说话的女性却能够以一种温柔而智慧的方式，将那些不好听的话说得悦耳动听，从而赢得他人的尊重与喜爱。

当面对不同意见或需要指出他人的错误时，会说话的女性不会直接否定或批评，而是会选择一种更为柔和、更具建设性的方式来表达。例如，当同事犯了一个错误时，她们可能会说："你这个做法很有创意，可是现在实施的条件尚不具备，我们考虑一下，是否有其他更好的方式。"这样的表达既顾及了对方的面子，又指明了问题所在，使对方能够在不感到难堪的情况下接受建议。

在不得不拒绝他人的请求时，聪明女性先表达自己的理解和同情，然后再温和地表达自己的立场："我真的很想帮你，但我现在的情况确实不允许。"这样的回应既表达了自己的难处，又体现了对他人情感的尊重。

当朋友遇到困难时，聪明女性会给予对方支持和鼓励："我知道这件事对你来说是个很大的挑战，但我相信你的韧劲和能力，最终会让你成功过关，而我则给予最大帮助。"这种充满关怀的话语能够给予对方力量，减轻其心理压力。

在交流中，把不好听的话说得悦耳动听，能够巧妙地缓解紧张气氛，使对话变得轻松愉快。同时，还可以启发思考，引导对方看到问题的另一面。这种灵活机智的沟通能力使女性在人际交往中总能够游刃有余。

在一个盛大的演出后台，一位年轻的舞者刚刚结束一场表演，或许是因为太过紧张，她的表现确实有些不尽如人意，动作略显僵硬，节奏也稍显混乱。周围有一些人在小声议论着，有人甚至直白地说："她跳得真糟糕。"

布兰妮听到了这些议论，她美丽的脸庞浮现出一抹温柔的笑容。她快步走到那位年轻舞者的身边，轻轻地拍了拍她的肩膀，柔声说道："我觉得你刚才就像一只还没完全展开翅膀的小鸟，可能有些慌张，但那也是很可爱的。你要知道，跳舞就像一场奇妙的旅行，偶尔会遇到一些小颠簸，但这正是你要去征服和跨越的。你今天只是有点小状况，可我能看到你身体里蕴含着巨大的潜力和能量。别灰心，下一次，你一定会像那只美丽的鸟儿一样，自由自在地翱翔在舞台的天空中。"

年轻的舞者听了布兰妮的话，原本黯淡的眼神渐渐亮了起来，泪水在眼眶里打转，她感受到了前所未有的鼓励和温暖。周围的人也被布兰妮这番动听的话语打动，纷纷向她投去敬佩的目光。

布兰妮用她的善良和智慧，将那些原本可能伤人的不好听的话，转化成了温暖人心、给人力量的话语，让那位年轻舞者重新找回了自信和勇气。

把不好听的话说得悦耳动听，需要我们注意语气的柔和与舒缓，避免过于生硬和直接而伤害他人。我们可以用轻柔的语调来开场，如“亲爱的，我想和你说个事儿呀”。多使用一些委婉的措辞和表达方式，如“我觉得可能这样会更好一点”“也许我们可以考虑这样做”。

同时，还要注意先给予肯定和赞美，再提出建议或指出问题，如“你一直都做得很棒，不过这里有个小地方如果能调整一下就更完美啦”。适当运用一些形象生动且温和的比喻或类比，像“这就像我们走路时遇到的一个小坎坷，跨过去就好啦”。另外，表达对对方的理解和共情，如“我知道你可能会有些不乐意，但你知道这样做也是为了我们共同的目标”。

其实，归根结底，会说话的女性之所以更受欢迎，不仅在于她们能够巧妙地表达自己的想法，也在于她们懂得如何将不好听的话以温馨、悦耳的方式表达出来。她们懂得用语言的艺术去化解矛盾，用温暖的语调去抚慰人心。在与人交往的过程中，她们能够准确捕捉到对方的情感需求，用恰到好处的言辞给予回应，从而营造出一种和谐、愉悦的交流氛围。这样的女性，往往能够赢得周围人的喜爱和尊重，成为人际交往中的佼佼者。

第二章

高情商说话，开口就有好人缘

高情商说话的女性，懂得换位思考，措辞温和。她们用赞美鼓舞人心，以理解化解矛盾。善于倾听，回应恰当，让交流愉悦顺畅。这样的女性一开口，自然能吸引他人，赢得好人缘，成为社交场合的璀璨之星。

不谈论令人反感的话题

现实中颇有人缘的女性，在与别人聊天或者碰面搭话时，总会巧妙地顺着别人擅长或者感兴趣的话题去谈论，这样不仅打开了话题，而且会使聊天进行得很畅快，也会让别人感到很受用，听起来比较舒服，同时，也会赢得别人的友谊。

尊重他人并避免谈论令人反感的话题，不仅能够保护每个人的感受，还能促进更积极、更具建设性的交流，增进人际关系的发展。在交流中，我们应该时刻注意自己的言辞，避免因谈论令人反感的话题而引发不必要的冲突或误解。

文蓝是一家上市保险公司的业务员，一次，她去拜访一位客户。见面之后，文蓝先对自己公司的险种作了大体说明，使客户有所了解。但是，这位客户在听的过程中却哈欠连连。

就在这时，文蓝发现客户背后的书橱里放着许多关于《论语》的书，并且办公桌的案头也有一本《论语》。文蓝眼前一亮，找到了突破口，只见她对客户说："您是不是对中国的古典文化感兴趣，尤其是对《论语》很有研究吧。请问您对《论语》有哪些高妙的见解？"

本来昏昏欲睡的客户听到谈《论语》，一下又有了精神，说："嗯，我对《论语》非常感兴趣，对某些教授讲的《论语》有的地方是赞同的，有的地方也是有保留意见的。”

文蓝顺势说：“其实，我也看过《百家讲坛》讲的《论语》，但是我研究得不多，如果可以还希望您不吝赐教。”

客户立刻就有了兴致，和文蓝讨论开来。在讨论的过程中，两个人谈得非常投机，最终文蓝顺利地拿到了保单。

所谓的会说话，其实就是善于顺着对方的意愿去问话或答话，会说话的女性很会在与人的交流中得到对方的认可、让对方感到可信赖，好感也随之而来。但是我们不可能对每一个人都足够了解，能够迎合每个人的兴趣，那么该怎么做呢？

平时注意多观察，多听、多看，这样才能掌握对方的兴趣所在，为谈话打下良好的基础。在生活中，每个人都有感兴趣的话题，聊这些话题，对方通常会很愿意，距离感自然缩减不少。

谈别人擅长或感兴趣的话题，并不是无原则地乱谈一通，而是要以基础的谈话原则为标准，如老年人都喜欢怀旧，愿意回忆过去那些美好的时光。中年男人一般热衷于事业，因此应该多谈及他的事业。对于小伙子来说，则应该谈谈未来。对于年轻女孩，可以多讲讲服饰、旅游、美容，等等。

在准备说话之前，应全面且深入地站在对方的立场去思考，仔细斟酌自己的言辞，避免因言语不当而引起对方反感。此外，应了解对方的兴趣爱好以及禁忌之处，通过细心观察和交流去明确，进而在谈话中有效地避开那些可能会让对方心生不悦的领域。

始终如一地保持尊重他人和礼貌待人的态度，绝对不要随意去提及那些可能会严重冒犯他人的敏感话题，如涉及宗教信仰、政治观点分歧较大的内容等。

在交流过程中密切留意对方的情绪和反应，一旦察觉到对方对当前话题表现出不舒服或者抵触，就要当机立断迅速转换话题的走向。

努力培养良好的倾听习惯，更多地让对方来主导话题的发展方向，这样就能在很大程度上减少自己不小心触及令对方反感话题的可能性。

总而言之，一个会说话的女性，在与人交流时总是能巧妙地避开那些令人反感的话题。她们深知这样做能让交流氛围更加融洽，让对方感到舒适与愉悦。所以，无论是在社交场合还是在日常生活中，她们总是避免谈及令人反感的话题，努力让交流的氛围融洽，让人乐意与她们亲近、交往。

赞美的话，点亮他人、温暖自己

在生活的舞台上，赞美就像一支神奇的魔法棒，不仅能够照亮他人的内心世界，给予他们自信和力量，也能在我们自己的心中点燃温暖的火焰，传递出正能量和善意。

当我们向他人表达赞美时，我们实际上是在用真诚的目光去发现对方身上的闪光点。这种关注与认可，对于被赞美者来说，无疑是一种巨大的鼓舞和激励。它让人们感受到自己的价值被看见，自己的努力被认可，从而更加坚定地走在前进的道路上。同时，这种赞美也会激发人们内在的潜能，促使他们不断超越自我，实现更高的目标。

赞美是一件好事，但不是一件易事。赞美如果不审时度势，不掌握一定的赞美技巧，即使你是真诚的，下过功夫，也不一定能收到好的效果。所以，在与人交往中运用赞美时要讲究一定的技巧。

1. 要因人而异

人的喜好不同，素质有高有低，年龄有大有小。因人而异，有针对性的赞美比一般的赞美能收到更好的效果。

比如，老年人总希望别人记得他“当年”的雄风，所以和他们交谈的时候，可以多称赞他们引以为豪的过去；对于年轻人，不妨语气稍微夸张地赞扬他的创造才能和开拓精神，并举出几个例子证明他的确前途无量；对于经商的人，可以称赞他头脑灵活、生财有道；对于有地位的干部，可以称赞他为国为民、廉洁清正；对于知识分子，可以称赞他知识渊博、宁静淡泊……当然，这一切要依据事实，不要夸之过火，让人起鸡皮疙瘩，反而产生反感。

2. 要翔实具体

在日常生活中，人们有非常显著成绩的时候并不多见，所以，交往中应从具体的事件入手，善于发现别人哪怕是小的长处，并不失时机地予以赞美。赞美用语越具体，说明你对他的了解、对他的长处越看重，让对方越感到你的真挚、亲切和可信，你们之间的距离也就会越来越近。如果你只是含糊其词地赞美对方，说一些“你工作得非常出色”或者“你是一位卓越的领导”等空泛飘浮的话语，会让对方认为你是个溜须拍马、别有用心的人，从而产生不必要的信任危机。

3. 要情真意切

赞美要带有内心的真情实感，这样的赞美才不会给人虚假和牵强的感觉。带有情感体验的赞美既能体现人际交往中的互动关系，又能表达出自己内心的美好感受，对方也能够感受到你对他真诚的关怀和认可。虽然人都喜欢听赞美的话，但不是任何赞美都能使对方高兴。能引起对方好感的只能是那些基于事实、发自内心的赞美。

相反，如果没有根据、虚情假意地赞美别人，不仅会让人感到莫名其妙，还会让人觉得你油嘴滑舌、诡诈虚伪。例如，当你见到一位相貌平平的先生却偏要对他说：“你真是太帅了。”对方就会认为你说的是违心话。但如果从他的服饰、谈吐、举止等方面的出众之处真诚地赞美，他就会高兴地接受，并对你产生好感。

4. 要合乎时宜

与人交流中，注意观察对方的状态是很重要的一个环节，如果对方恰逢情绪特别低落，或者有不顺心的事情，这时你却进行赞美，会让对方觉得不真实，甚至产生误解。

赞美要见机行事、适可而止。比如，当别人计划做一件有意义的事时，开头的赞扬能激励他下决心做出成绩，中间的赞扬有益于他再接再厉，事后的赞扬则可以肯定他的成绩，激发起他向更高的目标迈进。

5. 要真诚鼓励

最需要赞美的不是那些早已功成名就的人，而是那些因被埋没而产生自卑感或身处逆境的人。他们平时很难听到一声赞美的话语，一旦被人当众真诚地赞美，便有可能振作精神，于不堪处奋起。

6. 要对事不对人

赞美绝不是阿谀奉承。如果你的赞美毫无根据，只是说“你真是太好啦”或者“我对你真是佩服得五体投地”之类的话，恐怕没有人会认为你真的对他们充满善意。所以，一定要赞美事情本身，不要“以人为本”，这样你的赞美才可以避免尴尬、混淆或者偏袒的情况发生。

总之，赞美如魔法棒，既可以点亮他人，也可以温暖自己。让我们在日常生活中多一份赞美，用真诚的心去发现和欣赏他人的美好，让他们感受到温暖和关爱，同时温暖自己的内心，让我们的生活充满阳光和希望。

把"违心话"说成"走心话"

在复杂的社交场合中，我们往往面临着各种需要表达情感或态度的情境，而有时，过于直接或坦诚的表达可能并不适宜，这时，一句恰如其分的"违心话"可能会起到意想不到的效果。

这里的"违心话"并非指谎言或虚伪的话，而是指在特定情境下，为了维护良好的人际关系、保护他人的感受，或者是为了达到某种积极的社交效果而采用的较为含蓄、委婉的言辞。这样的言辞往往基于对他人的深刻理解和尊重，是在考虑对方情感和心理状态后，作出的谨慎而体贴的选择。

这样的"违心话"之所以被称为"走心话"，是因为它们虽不完全直接表达内心真实的想法，但充满了对他人的关心和理解。它们能够触及人心最柔软的部分，让人感受到温暖和安慰。在适当的时候，一句"走心话"能够化解尴尬、缓解冲突，甚至能够激励他人、改变命运。比如，朋友新烫了头，喜滋滋地来你面前转悠，她的爆炸式发型中甚至还夸张地漂染了几缕头发。你看了说自己心脏承受力有限，这不是在制造不愉快吗？

人们习惯将谎言分为两种：恶意的谎言和善意的谎言。恶意的谎言是充满恶意欺骗、狡诈的谎言。这种谎言我们不但不能说，还要坚决抵制、唾弃。善意的谎言是在不愿伤害对方的前提下，说的一些“假话”。比如，在上例中，我们不妨这样说：“太漂亮了，这样的发型简直让你年轻了十岁。”这虽然是一句违心的话，但它在现实生活中却能起到充当人际关系润滑剂的作用。

在人际交往中，类似这样违心的话是必不可少的：

（1）安慰性的违心话。例如，医生对绝症患者的临终安慰、恋人之间的相互夸奖，这些都属于善意的谎言。

（2）应急的谎言。人在职场是非多，有时候我们不想卷入派系的明争暗斗中，也不想惹是生非，最好的应对策略就是装傻。因为不管什么时候，装傻总不容易出错。比如，别人向你打探什么事儿，涉及别人的隐私或者评判管理层，这时你都可以回答自己不知道，或许很多谣言到你这里就止步了，一笑了之就行了。

（3）调侃的违心话。同事之间闲暇的时候，可以相互打趣、消遣对方，博得大家一笑就行了。因为谁都不会当真，这些调侃性质的谎言就是娱乐一下，营造欢乐的气氛。

（4）社交的谎言。在社交场合，通过善意的谎言达到交际目的，也是现代人必需的一项技能。林芳一心想扩大自己的社交圈，所以她积极参加各种聚会，并在聚会中经常显露自己懂得很多，一次聚会，有人谈到《菊与刀》，她马上就说自己对这本书也有研究，然后要求下次再详聊这本书。实际上，她并没有看过这本书。聚会后，林芳抓紧时间恶补这本书。再次聚会时，林芳大谈特谈《菊与刀》，让聚会的人印象深刻。

社交中类似林芳这样的人有很多。这种谎言其实并没有多丢人，或者多么不可饶恕。其目的是多结交朋友，多亮自己的闪光点，扩大自己的朋友圈。只要不伤害他人，没给他人造成不便，就无可厚非。

但是，说善意的谎言，还是要谨慎，万一听者为你贴上说谎话的标签，而不考虑你说话的动机，那就得不偿失了。他们不知道你是为了成人之美，避人之嫌，宽人之心，利人之事。

违心话应说得自然可信，任何造作和夸大其词，都会引起听者的怀疑和反感。使用频率也不要太高，更不能混合使用。否则，别人会认为你是个虚伪的女性，事与愿违。

在人际交往中，言辞的选择至关重要。我们应该学会运用智慧和策略，用恰当的言辞去传递我们的情感和态度，以建立和谐的人际关系，促进个人和社会的和谐发展。

话往一处说，心往一处贴

在人际交往中，我们常说“话不投机半句多”，但当我们真正做到“话往一处说”时，便能感受到心灵之间深深的默契与贴近。

“话往一处说”意味着我们在交流中能够找到共同点，无论是兴趣爱好、工作学习还是生活琐事，都能找到共同的话题和立场。这种交流能够迅速拉近人与人之间的距离，让我们在彼此的言语中感受到温暖和共鸣。相较于男性，女性更为敏感，感知情绪的能力更强，能迅速察觉对方的情绪变化，因而聪明的女性在交流中能快速与对方“话往一处说”。

有一位女作家接待了一位慕名前来拜访的客人。一见面，这位客人就脱口而出：“你都写过哪些小说啊？”作家一听这话，就知道对方对自己的职业并不了解，于是就和对方简单谈了谈。

另有一位拜访者见面第一句话是：“您是作家，不知道您的创作领域是小说还是别的体裁？”女作家一听知道对方有点懂行，于是产生了和这个问话者深入交谈的兴趣。

在与这位客人的交流中，这位女作家发现他们有许多共同的观点，她体会到了那种话往一处说，心往一处贴的美妙感觉，不像面对第一位客人时那样有一种深深的隔阂与疏离，仿佛彼此处于不同的世界，无法真正产生连接与互动。

所以，与陌生人初次交谈能否顺遂，一个重要之处在于能否探寻到自己与陌生人之间是否有“共同之处”，包括对事情的看法，解决问题的方法，人生观、世界观，等等。从这些共同之处着手，往往能够让谈话更为顺畅、愉悦，就如同话往一处说，心往一处贴。反之，便会出现四目相对却局促无言的状况，不仅当时会觉得无比尴尬，还极有可能成为日后继续交往的阻碍。

寻找共同点，首先要注意观察对方的服饰、谈吐、行为举止，从中捕获信息。如果不能从对方的外在看出什么“蛛丝马迹”，不妨直接以话试探，如可以主动询问对方的籍贯、工作、兴趣爱好，从而为交谈打好基础。在交谈过程中，应把握好一定的分寸，如若问了一些出格的话，很可能会引起对方的不快，从而使交谈变得困难。

刘艳毕业后在一家规模较大的跨国公司上班。一天，在公司的大楼里，她遇到了一位来华游学的美国姑娘。出于礼貌，她先向对方打了一声招呼，而且她认为，作为东道主，如果不与这位姑娘热情地寒暄几句，显然是不懂礼节的。于是，她操着一口流利的英语，大大方方地与姑娘聊了起来。

在交谈过程中，她询问姑娘：“你今年多大年龄了呢？”姑娘听到这句话，显然有些不悦，反问：“你看我多大？”刘艳一听感觉有些不对劲，便转移了话题说：“依你的年龄看，一定成家了吧！”结果，姑娘冷冷地看了刘艳一眼，就把脸背了过去，不愿与她继续交谈。

刘艳与那位姑娘话不投机，主要是因为她在交谈过程中向对方提出了不恰当的问题，这个问题对女性而言属于不宜向人透露的个人隐私。因此，在与人交谈的时候，我们应多注意，话题不要涉及个人隐私和其他禁忌。

在与陌生人初次交谈时，提及自己和对方都很熟悉的另外一个人，这对缩短两人之间的距离是有利的。但是，此时也不要谈论另外一个人的隐私，因为这会给对方留下不好的印象，会使其担心你背后也许会议论他（她）的隐私，从而对你产生戒备心理。

我们还应该注意，不要盲信别人的观点。不要别人说东，你就说东，别人说西，你也跟着说西，否则会失去别人对你的信任，同时，也体现出你自己没有主见。也不要学“王婆”，自卖自夸。一句自卖自夸的话，往往是一颗丑恶的种子，一旦从口中播入他人的心田，便会滋长出令人生厌的幼芽。和陌生人交谈时，应该保持谦逊的态度。

总之，“话往一处说，心往一处贴”是人际交往中一种理想的状态。当我们真正能够做到这点时，便会惊喜地感受到彼此之间那难以言喻的默契，以及如春日暖阳般沁人心脾的温暖。在这种状态下，我们能与他人更好地互动与交融，进而齐心协力共同打造出更加美好、和谐且充满浓浓情谊的人际关系，让人与人之间的相处变得格外温馨与美妙。

闲聊就要聊对方得意的事

在日常生活中，人与人之间少不了闲聊。闲聊有时候往往被视为无足轻重的闲谈，然而，闲聊作为社交活动中不可或缺的一部分，其魅力在于它轻松、自然，能够打破沉默和尴尬，让人们在轻松的氛围中建立起初步的联系。

在闲聊中，我们不仅能够分享日常的琐事和趣闻，也能够探讨彼此的兴趣爱好、价值观和人生追求。这些深入的交流能够让我们更加了解对方，建立起深厚的情感纽带。

在闲聊中，我们可能会遇到志同道合的朋友、潜在的合作伙伴或是听到有益的建议和意见。这些机会可能稍纵即逝，但只要我们保持敏锐的洞察力和开放的心态，就能够抓住它们，让闲聊为我们带来更多的可能性和收获。

另外，闲聊还有调节心理、愉悦情怀的奇特功效。如果你有什么事愁闷不快的话，通过和熟人的闲聊，就可以一解胸中闷气，开释情怀，平衡心理。

然而，闲聊并不是说“闲”话，而是要把握好分寸，多聊聊对方感兴趣和得意的事，要避免口无遮拦，随意瞎说或将自己变成采编人员兼播音员，有事没事就竖起耳朵，四处打听，然后把听到的添油加醋地转播出去。这种做法是无助于联络感情的。

那么，女性如何闲聊，才能让对方感兴趣，进而为自己增添人气?

1. 保持微笑

笑容是善意的使者。交谈时，许多人只注意不停地谈话，而不注意表情，这会影响谈话的效果。谈话时，应根据情况适时展示笑容，使交谈愉快地进行下去。

2. 引导式提问

在交谈中，可以用引导式的提问开启话题，如这样说："最近生活中应该有不少有意思或者特别的事情发生吧，有没有哪件事让你觉得特别有成就感呀?"以这种宽泛的询问来引发对方对得意之事的回忆和分享。

3. 保持低调

在与他人闲聊时，我们要始终保持一种低调、恭敬的态度。每个人都有独特的见解和经验，保持开放的心态，虚心学习，避免居高临下、自高自大。这样的态度不仅有助于我们更好地与他人相处，也能让我们从与他人的交流中不断获益。

4. 有针对性提问

如果你知道对方在某个领域有专长或特别爱好，就可以询问相关的经历。比如："我知道您在艺术领域有着深厚的造诣，取得了丰硕的成果。在您创作的过程中，哪一次的创作或者成果让您格外有感触呢?"通过这种针对其专长的询问，引出其相关得意之事。

5. 表达欣赏

在交谈中，表达对对方的认可和欣赏，会取得对方的好感，如这样说："我一直觉得能在某个特定领域取得显著成绩是非常了不起的事情，而您恰恰就是这样让我钦佩不已的人。我想像我这样钦佩您的人肯定不少，您可以说是我们的榜样。”

6. 关注动态

关注对方的动态，并在闲聊中提起，会让对方觉得你关心他，从而对你产生好感，如：“最近，听业内的人说，您新推进的项目取得了很不错的成绩，能给我讲讲其中的具体细节和您的感受吗？”这样能巧妙地让对方分享得意之事。

有时候闲聊不是我们计划的内容，但我们可以事先为这类即兴交谈做些准备。在一定程度上，事先做好准备有助于交谈顺利进行下去，避免尴尬的沉默，尤其是第一次会面，更要针对谈话做些准备。

总之，与人闲聊时，要多聊聊对方感兴趣或得意的事，以提高交谈的效果。对女性朋友而言，要善于发现和利用闲聊中的机会，让社交变得更加有趣、更加有意义和更加有价值。

学会说“顺耳”的话

“顺耳”的话，作为人际交往中的一种沟通方式，往往承载着特定的情感色彩和沟通目的。在特定的情境下，这些听起来令人愉悦、易于接受的话语，实际上可能具有无法估量的价值，甚至可以说是“价值千金”。

从心理层面来看，“顺耳”的话能够给予人们正面的情绪反馈。在人际交往中，我们都渴望被理解、被尊重、被欣赏。当他人用“顺耳”的话语来表达这些情感时，我们往往能够感受到一种温暖和满足，这种情感上的满足对于个人的心理健康至关重要，它有助于增强我们的自信心，减轻焦虑和压力，使我们在面对挑战时更加从容不迫。

然而，需要指出的是，“顺耳”的话并不等于无原则地恭维或奉承。真正“顺耳”的话应该是基于真诚和尊重的，它应该能够客观地反映对方的优点和长处。只有这样“顺耳”的话才能够真正地发挥其价值，成为人际交往中的宝贵财富。

春秋时期的齐景公非常喜欢马，他有一匹心爱的马被马夫不小心养死了。景公大怒，要处死马夫。

晏子知道后，对景公说：“主公，您先别着急。让我来替您处理这件事。”然后晏子转身对马夫说：“你犯了大错呀。你把主公最心爱的马养死了，这可是大罪。但是主公是如此仁慈的君主，他肯定会给你一个机会让你将功赎罪的。”

景公听了晏子的话，心中的怒火稍稍平息了一些。晏子接着说：“主公，这马夫虽然有错，但他也为养马付出了努力。我们何不让他去学习如何更好地养马，以后为主公养出更好的马来呢？”景公觉得晏子说得有道理，便放过了马夫。

就是晏子这几句顺耳的话，既救了马夫的命，又避免了景公因一时冲动而作出错误的决定，维护了景公的声誉，其价值可谓千金。

由此可见，“顺耳”的话，有时真的价值千金。那么，女性朋友该如何去说“顺耳”的话呢？

1. 说体谅的话

没有人不会被真心诚意的语言触动。耶鲁大学著名教授威廉·莱昂·弗尔帕斯经历过这样一件事：有一年夏天又闷又热，他走进拥挤的列车餐厅去吃午饭，在服务员递来菜单的时候，他说：“今天那些在炉子边烧菜的小伙子一定很辛苦。”那位服务员听了后吃惊地看着他说：“先生，来餐厅吃饭的人不是抱怨这里的食物难吃，就是指责这里的服务差，要不就是对车厢里闷热大发牢骚。您是第一位对我们表示同情的人。”可见，一句体谅的话会换来他人的莫大感激。

2. 说对方的优点

有一位心理医生在银行排队取款时，看到前面有一位老太太满面愁苦，这位心理医生暗想，我要让她开朗起来，于是一边排队一边寻找老太太的优点。终于，他看到老太太虽弯腰驼背，却有一头漂亮的头发，于是当这位老太太办完事情走过心理医生面前时，他衷心地称赞道："您的头发真漂亮！"老太太一向以一头漂亮的头发而自豪，听到心理医生的赞美非常高兴，顿时面容开朗起来，挺了挺腰，道谢后哼着歌走开了。

3. 说希望被赞美的地方

要学会赞美，与其说久仰大名、如雷贯耳，不如说您上次主持的讨论会非常圆满。恭维对方人中龙凤，不如赞美他富有创造力。一定要赞美对方在意的地方，希望被赞美之处，要有针对性，否则就是无的放矢。

总之，"顺耳"的话在人际交往中具有不可忽视的价值，不仅能够给予人们正面的情绪反馈，增进彼此的理解和信任，还具有潜在的激励作用。因此，在日常生活中，女性朋友应该学会运用"顺耳"的话来与他人进行良好的沟通，以建立和维护和谐的人际关系。

包装和美化你的谈话用语

语言是一种交谈的工具，有人利用这个工具，拓展了自己的人脉，而有的人则不擅长利用这个工具，社交圈很窄。其中，擅长利用语言的人，有一个重要的特征，那就是长于对语言进行包装，具体说就是，在交谈中，根据具体情况，对用词、表达方式、语气进行调整和美化，使其易于被对方接受，最终获得满意的沟通效果。

美国著名作家马克·吐温有一次到一个小镇上演讲。他在演讲前，先对镇上的一位老人说："我想先了解一下，您觉得我今天的演讲会怎么样？"老人回答："我觉得你的演讲会很糟糕。"马克·吐温听后并没有生气，而是笑着说："那我真的很幸运，因为我今天的演讲题目是《如何把糟糕的演讲变得精彩》。"

马克·吐温将"糟糕"转化为"精彩"，不仅巧妙地化解了老人的负面评价，还为自己的演讲增添了一份幽默和自信。同时，也让老人和其他听众都对他的演讲充满了期待。

马克·吐温的这种美化语言的艺术不仅令人愉悦，还加深了他在公众心中的亲切形象。他的智慧和豁达赢得了人们的广泛赞赏，使他更受欢迎，促进了与他人的沟通与互动。

无论是在何种场合或面对什么样的人，马克·吐温总能运用其独特的语言魅力轻松化解尴尬或不利情况，展现出卓越的人际交往能力和非凡的个人魅力。

这个故事告诉我们，在与人交流时，包装语言有非常大的效用。那么，女性如何学会包装自己的语言，收获好人缘呢？

首先，要懂得言之有度。要知道在不同的场合应使用不同的言辞，不要随意发表过于激烈或不当的言论。在与人交流时，要注意控制自己的情绪，不要因一时的冲动说出伤人的话语。要用委婉、温和的语气表达自己的看法，让对方感受到温暖与被尊重。

其次，要懂得以语驭人。女性要了解表达方式的重要性，善于用言辞传递关怀和支持，在交流中注重细节，要善于运用恰到好处的修辞，使自己的话语更具说服力和吸引力。

最后，要懂得言传身教。女性在言谈举止上要更加注重礼貌和风度，多使用优雅的语言，保持亲和的态度待人接物，以真诚和善意赢得他人的信任和喜爱。同时，在表达自己的观点时不盲从他人，展现出自信和坚定的人格魅力。

实际上，生活本就很简单，并不需要多高深的大智慧，与人打交道也并非需要你多么聪明，若能说得好那就说，如果还没想好该怎么说，那请务必管住自己的嘴，祸从口出可不是随便说说的。毕竟，一句话可以成就一件事，一句话也可以毁掉一件事。话不要多说，合适即好。学会包装自己的语言，才能拥有好人缘。

说话得体既是一种修养，也是一种能力，更是一种智慧和魅力的展现。一句简单的问候、一声真挚的感谢、一句及时的安慰，都能体现出语言的美好，能传递出关心与尊重，增进人与人之间的理解和亲密。而要想达到这样的目的，就一定要学会包装和美化自己的语言，使其更具感染力。

对女性而言，要借助于得体的言辞，展现自己的魅力，赢得他人的尊敬和好感。要想达到这个目的，必然要学会包装自己的谈话用语。

第三章

聪明女性，懂得说话的分寸感

聪明的女性深知说话的分寸至关重要，她们知道何时该沉默，何时该直言，言语适度，不伤人自尊，亦不夸夸其谈。她们能根据场合与交流对象调整言辞，用恰到好处的表达方式与对方交流，从而赢得人们的欣赏与尊重。

适度迎合，分寸在心

迎合对方的喜好，是在人际交往中建立良好关系的重要一环。然而，仅迎合喜好并不足以确保沟通的顺畅和深入，我们还需要在表达时把握分寸。迎合对方喜好意味着我们愿意从对方的角度去理解和思考问题，从而找到共同点，增进彼此的亲近感。但同时，我们也需要注意说话的分寸，避免过分迎合而失去自我，或者因为过于迁就而引发误解。

如此一来，通过适度迎合与言说有分寸，我们可以建立起更加和谐、稳定的人际关系，促进彼此的沟通和理解。因此，在人际交往中，我们应该注重迎合对方喜好的同时，也不忘言说有分寸的重要性。

唐朝武则天当政时期，欲建造一座规模宏大的佛像，需要耗费大量的钱财和人力。狄仁杰深知，此时国家更需要把资源用于其他重要事务上。

于是便进谏道："陛下，微臣深知您对佛的尊崇之心，建造佛像本是彰显陛下圣德之事。然而如今边境时有忧患，百姓亦有诸多困苦，若此时倾尽国力建造佛像，恐会引起一些不必要的动荡。陛下一向心怀天下，以苍生为重，或许可稍缓此事，待日后国家更加昌盛之时再行也不迟。”

狄仁杰这番话既没有直接反对武则天的想法，还在一定程度上迎合了她尊崇佛的心理，又巧妙地指出了当下更应关注的重点，分寸把握得恰到好处。

武则天听后，仔细思考，最终采纳了狄仁杰的建议，暂时搁置了建造佛像之事。

狄仁杰凭借巧言迎合且分寸在心，成功地避免了国家资源的浪费，也赢得了武则天的赞赏和信任。

由此可知，迎合对方喜好，并有分寸地表达，不仅能够增进彼此的亲近感和信任，还能够帮助我们更好地理解他人，增进彼此的感情。那么具体如何做呢？

交流之前，先了解对方的喜好、兴趣、价值观等，这是至关重要的。只有当我们对对方有了足够的了解，才能找到与之共鸣的话题，用对方乐意听的话来打开话匣子。例如，如果对方热衷于旅行，我们可以谈论最近去过的旅游景点，分享旅途中的趣事；如果对方喜欢音乐，我们可以聊聊最新的音乐动态，或者共同欣赏一首美妙的旋律。

在与他人交流时，我们要用真诚的态度对待对方，用真实的情感去感染对方。当我们用真心去沟通时，对方也能感受到我们的诚意和热情，从而更加乐意与我们交流。同时，我们还要学会包容和理解对方的不同观点和感受，用宽容的心态去面对彼此的差异和矛盾。

当我们发现对方对某个话题感兴趣时，可以适时地引导对方深入探讨，分享更多的想法和见解。这样不仅能够使沟通更加深入，还能增进彼此的了解和信任。同时，我们还要注意不要过于强势地引导话题，以免让对方感到被迫和压抑。

在与他人交流时，我们要善于发现对方的优点和长处，用真诚的话语表达赞美之情。这样不仅能够让对方感到愉悦和满足，还能增强彼此之间的亲和力，使沟通更加顺畅。当然，赞美也要适度，过于夸张的赞美可能会让对方感到不自在。

总之，迎合对方喜好并有分寸地表达，不仅能够增进彼此的亲近感和信任，还能够带来一系列积极的好处，如营造和谐的工作氛围、增强个人魅力以及促进人际关系的深化等。这种沟通方式是一种高效、有智慧的交往策略，值得我们在日常生活和工作中多加运用。

恰当表达提升交流效果

在人际交往与沟通中，恰到好处的言辞如同精心雕琢的宝石，光彩夺目、令人心醉，能够让交流效果倍增。这种言辞的魅力不仅在于其准确性，还在于其能够触动人心，引发共鸣，从而达到有效的沟通目的。

美籍华人杨华是一名歌舞演员，她从纽约坐飞机到中国香港，打算在那里小住之后，再到东南亚表演。在此期间，她需要为自己量身打造一两部短剧。她想，如果能请动中国香港那位有名的作家为自己执笔就太好了。可是据说这位作家脾气古怪，而且很忙。

在朋友的建议下，杨华先找来了这位作家大量的作品，又收集了许多相关的采访，然后开始研究。一段时间后，杨华在充分了解了这位作家的作品及其爱好后才通过朋友与对方见了面。

见面时，杨华与对方关于他的作品谈论了很多，也发表了自己的看法。他们的交谈十分融洽。杨华见时机成熟便满脸崇敬地说："先生，我对您的作品简直是爱不释手，您的文字仿佛有魔力一般深深吸引着我，让我沉醉其中。您在文学领域取得的成就令人惊叹，您写的每一个故事都如璀璨的宝石熠熠生辉。我现在正面临一个小小的挑战，就是急需一部短剧来丰富我的表演，我在想，以您的才华，一定能为我创作出一部无与伦比的短剧，您愿意帮我这个忙吗？”作家被杨华恰当得体又满含真诚的言辞打动，爽快地说：“哈哈，既然你这么欣赏我，那我就试试吧。”

很快，这位作家便为杨华量身打造出一部精彩绝伦的短剧。

杨华带着这部短剧前往东南亚进行表演，她在舞台上精彩绝伦的演绎，配合着作家充满魅力的剧本，使演出取得了空前的成功。台下观众掌声雷动，欢呼声不绝于耳。杨华也因此在东南亚声名大噪，而这一切都离不开作家的助力，更离不开杨华最初用恰当言辞所搭建起的那座沟通的桥梁。之后，杨华满心欢喜地再次找到作家，对他表达了深深的感激之情。

这个案例告诉我们，要想让交流效果翻倍，恰到好处的言辞是必不可少的，要对别人满怀兴趣，要善于提出别人乐于回应的问题，精准契合对方的需求，这样才能够快速有效地拉近彼此的距离，让交流变得顺畅、有趣且充满意义。

那么，恰到好处的言辞为什么能有效地提升交流的效果呢？

首先，恰到好处的言辞意味着表达精准。当我们能够用准确的语言阐述观点、传递信息时，不仅能够节省彼此的时间，还能够避免误解和混淆。这种准确性是建立在深入了解话题和受众基础之上的，它要求我们在沟通前做好充分的准备，包括对对方信息的充分了解，以确保自己的言辞能够直击要点，达到事半功倍的效果。

其次，恰到好处的言辞具有情感共鸣的力量。在交流中，我们不仅要传递信息，还要关注对方的感受。当我们能够用真诚、温暖的语言表达关怀和理解时，就能够触动对方的心灵，拉近彼此的距离。这种情感共鸣能够增强沟通的效果，使双方在交流中更加投入和专注。

最后，恰到好处的言辞能够激发对方的积极性。在鼓励、赞美或提出建议时，我们用积极、肯定的语言来表达，能够激发对方的自信心和动力。这种言辞不仅能够让对方感受到我们的理解和尊重，还能够促使他们采取行动，向更好的方向发展。

总之，恰到好处的言辞是人际交往中的一门艺术。它要求我们在沟通中既要注重表达的准确性，又要注重情感共鸣的实现。聪明的女性在与人交流中，能很快发现这门表达艺术，并在实际与人交流中娴熟地运用，最终获得令人满意的效果。

修炼言辞，把握分寸

语言是连接人与人关系的纽带。纽带质量的好坏，很大程度上决定了人际关系的和谐与否，进而影响事业的发展以及人生的幸福。那些说话有分寸的女性，她们懂得何时该说什么话，如何说才能恰到好处。她们不会口无遮拦地肆意妄言，而是用智慧和理性驾驭着自己的言语。她们能用温和而坚定的话语化解矛盾，以巧妙而得体的表达赢得尊重。

调查显示，说话有分寸在提升女性魅力的因素中占有很大的比重，所以女性长得漂亮往往不如说得漂亮更有价值。一个聪明的女性总是善于利用自己的嘴展现自己的优势和魅力，消除或者减弱外在条件不足造成的劣势，利用语言为自己增色。所以，作为女性，如果你没有骄人的外貌也不要灰心丧气，因为完全可以通过语言修炼来为自己加分。

在澳大利亚墨尔本，女记者帕兰要采访一位权威人士，打算请对方就海洋动物保护问题做 15 分钟的广播讲话。这位权威人士非常忙，拒绝过很多记者的要求。如果直接提出占用他 15 分钟，他极有可能会拒绝，于是，聪明的帕兰在电话里很有分寸地说："尊敬的先生，实在不好意思耽误您宝贵的时间，我们非常希望您能就海洋动物保护谈一点点看法，我想顶多也就占用您 5 分钟左右。我了解到您每天下午 4 点会有片刻的闲暇到户外放松，如果可以，我能否在这个时间有幸与您简单交流一下呢？”

这位权威人士听到帕兰如此得体、恳切的话语，便答应了她的请求。采访于下午 4 点准时开始。帕兰在交流过程中，凭借自己的专业素养和巧妙引导，让权威人士不知不觉畅谈了起来。当帕兰礼貌地告别时，已经过去了 20 多分钟，她成功地完成了这次采访。

而这一切都要归功于帕兰恰如其分的说话技巧，既没有过分要求，又能恰到好处地达到自己的目的，最终为这次精彩的采访奠定了坚实的基础。

从这个事例中我们可以看出，帕兰提出采访的话语充满了真诚、礼貌、理解和关切，这充分体现了说话的技巧和艺术。试想，当有这样一名女性想要对你进行采访时，你能忍心拒绝她吗？会说话的女性是没有人不愿意和她交谈的。帕兰这一次成功了，那下一次，再下一次……毫无疑问她都能获得成功，成功也必定不会拒绝这样一个用语言打动他人的女性。

那么，在人际交往与沟通的过程中，如何会说话才能更成功呢？

首先，在沟通前，要尽可能多地了解对方的背景、兴趣、需求和立场。这样，我们可以更准确地选择言辞，使其更符合对方的接受习惯和思维方式。

其次，要避免使用过于复杂或专业的术语，尽量用简单、直接的语言来表达自己的观点。

再次，在交流中，要注意保持积极的非言语沟通，如微笑、点头、保持眼神交流等，以增强沟通效果。

最后，在交流中，要耐心倾听对方的观点和感受，并给予积极的反馈和回应，增强彼此的信任和理解。

需要注意的是，在交流中，难免会出现分歧和冲突。此时，要尽量使用委婉、平和的言辞来表达自己的观点。可以通过提出共同目标、寻求共同点等方式来化解矛盾。

提高交流效果需要不断地实践和反思。我们可以在日常生活中多与人交流、多参与讨论，同时对自己的言辞进行反思和总结，找出不足并加以改进。

总而言之，说话有分寸的女性，懂得如何在不同的场合下运用恰当的言辞，既能够准确地传达信息，又能够触动人心。语言中充满智慧和力量，就会让人感受到一种亲切和信任。她们用言辞为自己加分，为自己赢得更多的机会和资源。

借钱时如何谈钱不伤感情

在现代社会，如果张嘴向别人借钱，实在是一件很为难的事。这不只是张口难，而是成功借到钱难。但是有的时候一个会说话的女性会说得让对方无法拒绝。那么怎样“张口”才能更容易达到目的，借到钱呢？

这要看你会不会说话，说话时有没有分寸感。我们向别人借钱，很不好意思，总觉得难以启齿。其实，我们主要是怕别人拒绝，怕伤自尊。掌握一定的技巧，懂得用感情打动对方，用言语说服对方，别人就会愿意借钱给我们。

曾国藩因军饷短缺而犯愁，当他四处筹钱不得的时候，想到了自己的一位老友，一位富有的商人。曾国藩便亲自登门拜访，老友热情地将他迎进屋内。待两人坐定后，曾国藩先是与老友寒暄了一番，回忆起一起经历的岁月，表达了对老友的思念和感激之情。

然后，曾国藩才面露难色地说起了自己目前面临的困境，真诚地说道：“老友啊，如今我军中正面临资金短缺的难题，实在是到了艰难时刻。我深知开口借钱并非易事，但我实在是别无他法了。”

老友听后，沉思片刻，他看到曾国藩的真诚和为难之情，心中也有所触动。曾国藩接着说道：“我向你保证，这钱我一定会尽快归还，绝不会让你为难。”

老友点了点头，笑着说：“曾公，我信你。就冲着我们这么多年的情谊，这钱我借了。”

曾国藩感激涕零，连连道谢。他知道，老友如此爽快地答应，不仅仅因为他的承诺，还因为他们之间多年的感情和信任。

就这样，曾国藩通过真诚的态度和对感情的珍视，成功地借到了钱，也没有伤害到与老友的感情。日后，他也如约归还了借款，两人的情谊更加深厚了。

其实，面对借钱者，就算是再好的朋友，对方也会有戒心和顾虑。这时，我们就要通过语言来消除对方的顾忌。这样，借钱之类的难事也就迎刃而解了。

向人借钱的时候，要想最快达到目的，除了“打感情牌”，还要注意以下几点：

一定要讲明借钱的原因。要准确无误地告诉你的朋友，你为什么需要借钱。如果你是需要借钱做生意或周转，你可以描述一下怎样用这些钱。这样做也许会让你的朋友安心地把钱借给你。

说话要用商量的语气。向别人借钱时，说话语气一定不要太生硬，更不能有伤人的话。要尽量使用一些柔弱的话语，博取对方的同情。假如你的父母患病住院了，你需要借钱时，你可以说：“我的父亲病了，还缺住院费 5000 元，不知您手头宽绰不宽绰？下个月开工资我就还您。”用这种商量的口气，就能使对方感到你有求于他而且尊重他。只要对方手里有钱，是不会不帮忙的。有些人则不注意这一点，向人借钱时说“谁不知你有钱，借我一点儿钱还不是牛身上拔根毛”，诸如此类的话。熟人之间打趣说说还不要紧，但在真要借钱时这样说，对方还是不愿听的。

借钱时注意一定要说明具体的数字和归还时间，而且要准时归还。“有借有还，再借不难”，按期归还是非常重要的。假如，你与同事一起去商店，想买新衣服但不巧手里钱不够，你就可以说：“小王，你先借给我 200 元，等明天上班，我就还给你。”这样，对方感到借出去的钱有了保障，自然会放心地借给你。

千万不能为了使对方同意借钱给你，明明近日还不了还说“过几天就还”，或者说“明天就还”。结果不能如期归还，对方就会把你看成不守信用的人，下次再借可就难了。

借钱不成，也不可恶语相向。向人借东西，总有不能如愿的时候，更别说借钱了。如果你讲明了理由和归还时间，对方仍旧不愿意借钱给你，甚至说自己正要用钱，没有闲钱。这时，你也不要恼羞成怒，更不要说出“怎么这么巧，我来借时你要用”之类的话；否则，就会大伤和气。你在借钱不成时，如果能对人家说：“我知道你当下手头也不宽绰，我再到别处看看。”别人就会觉得你能体谅人，下次，当你要借钱时，对方可能就会考虑借给你。

总之，向人借钱这件事务必得掌握有分寸的说话技巧。只有通过恰当、合适的话语，才能够更好地阐述自己的需求和情况，让对方更有可能理解并愿意伸出援手，解自己的燃眉之急。女性要利用自己的性别优势，晓之以理，动之以情，在不伤害感情的情况下成功借到钱。

分寸之间的“吹捧艺术”

在人际交往的微妙世界中，分寸之间的“吹捧艺术”堪称一门高深的学问。它要求我们在表达赞赏和尊重时，既要真诚地展现对他人的认可，又要巧妙地把握尺度，避免过分夸大或虚情假意。吹捧得当，能够增进彼此的友谊和信任，营造和谐融洽的氛围；而一旦过度，则可能引发对方的反感，甚至破坏原本良好的关系。

因此，掌握分寸之间的“吹捧艺术”，不仅是对个人情商的考验，也是维系人际关系的重要一环。通过细心观察、真诚沟通以及适时适度的表达，我们能够在人际交往中更加游刃有余，实现个人价值的最大化。

当然，适当地“捧”不是庸俗地“拍马屁”，而是别具内涵地内行赞美！有过求人办事经历的人都知道，求人办事最关键的一点就是一个“捧”字。这个字虽然说出来有点虚伪，但你要是“捧”得得体、恰当，就能起到很好的拉近彼此关系的作用。

所以，女性朋友们不妨记住，在求人办事时，多利用点“捧”的技巧，不过话说回来，这“捧”也是有讲究的，可不是没边没沿地“瞎捧”，更不是不知所云地“乱捧”，而是要从实际出发，投其所好有内涵地“捧”！

一日，晏子因犯颜直谏触怒了齐景公，被绑在殿外的铜柱上。

齐景公站在殿前台阶上，俯视着晏子，脸色十分难看。

“竟敢说寡人骄奢淫逸，晏婴，你胆子不小呀！”齐景公怒声喝道。

晏子心情复杂，他知道自己冒犯了大王，可是又没有别的办法，如果不这样做，齐国将陷入更大的危机。

忽然他有了主意。

“大王，”晏子开口说道，“听臣给您讲个故事。臣听说，商汤时，有大臣送给汤一只奇鸟。那鸟通体雪白，通人语，十分罕见，可是汤却让人把鸟放生了，并说：‘寡人德薄，不敢以奇物自娱。’”

听到这里，齐景公愣了一下。

“周文王在位时，”晏子继续说道，“有大臣献上一块宝玉。文王说：‘寡人视贤为宝，视德为珍。’随后，把宝玉赐给了贤能之人。”

齐景公的脸色有所缓和。

“大王，”晏子趁势说，“臣之所以不顾您颜面进谏，正是把您看成了如商汤、文王一样的明君，能够纳谏如流；如若您昏庸，我又何必自找苦吃！”

听到这里，齐景公转怒为喜了，大笑道：“嗯，说得不错！来人，快给晏大夫松绑，请上殿来议事！”

在这个故事中，晏婴适当地使用了语言的吹捧艺术，极好地满足了齐景公渴望被认可的心理，不但让自己转危为安，而且让事情有了转机，不得不说其才智和口才非同一般。

“捧”与奉承有所不同，也不是谄媚。一般人在生活中大多只会看到别人的短处，而常常忽视对方的长处，甚至不自觉地放大对方的短处，便产生一种对方根本没有优点值得“捧”的想法，于是只能说点不存在的事情奉承对方，这样一来，会让对方觉得虚假、不真实。

适度的吹捧可以增进人与人之间的好感，还能有效地促进信息的传递和情感的交流。然而，这种交流方式常常容易被误解为不真诚或过分恭维，因此，掌握其精髓并合理地运用显得尤为重要。

适度吹捧的核心在于真诚和适度。真诚意味着吹捧的内容必须基于事实，而非无中生有或夸大其词。适度的吹捧则要求我们在表达赞美时，要考虑对方的接受程度和自身的情感表达。过高或过低的吹捧都可能导致交流效果的打折，甚至产生反效果。

一定程度上说，适度吹捧是一种高情商的表现。在人际交往中，我们不仅需要关注自己的感受和需求，还要能够敏锐地察觉并满足对方的情感需求。适度的吹捧正是这样一种能够激发对方积极情绪、增强彼此情感联系的有效手段。

总之，吹捧是一种交流的工具和艺术。在运用时，需要掌握分寸，注意避免过度。只有在真正理解并掌握了适度吹捧的精髓后，我们才能运用好它，并发挥其作用。

有分寸谈加薪，老板才不会拒绝

在职场中，想要成功敲开老板的加薪之门，并非仅凭出色的工作表现就足够，还需要我们运用恰当的沟通技巧和分寸之语。在与老板沟通加薪事宜时，我们既要充分展示自己的工作成果和作出的贡献，让老板看到我们的价值，又要以谦逊、诚恳的态度表达我们的诉求，避免给老板留下过于功利或冒进的印象。

通过恰当的措辞和表达，我们能够让老板更加了解我们的期望和需求，也能够体现出我们的职业素养和情商。因此，掌握分寸之语，不仅是职场沟通的关键，也是实现个人职业发展和加薪目标的重要一步。通过精心准备、合理表达，我们可以为自己的职业发展赢得更多的机会和空间。

林曼三个月前完成了一个大单子，仅提成就有2万元，而且老板在两个月前就决定给她每个月加薪500元，但过去两个月了，她领的依然是原来的工资，而且老板也没有发放奖金的意思，坐不住的林曼想找老板聊聊加薪的事。

她精心挑选了一个老板相对不那么忙碌的时间，来到老板的办公室。林曼先是诚恳地说："老板，我来公司也有几年了，一直都非常热爱咱们这个团队和这份工作。"老板微笑着点头示意林曼继续说。

林曼接着说道："在这段时间里，我努力提升自己的专业技能，为公司拿下了不少重要的项目，也为公司带来了显著的收益。我觉得自己的成长和贡献是有目共睹的。"老板若有所思地看着林曼。

然后林曼话锋一转："我知道公司的发展离不开每一个人的努力，而我也一直把公司的目标当作自己的目标。最近我也在思考，怎样才能为公司创造更多的价值，我有了一些新的想法和计划，如果实施起来，相信能为公司带来更可观的效益。当然，我也希望之前的奖金和薪资能落实，让我更有动力去拼搏。"

老板听后，眼中闪过一丝赞赏，说道："小林啊，你的努力和能力我都看在眼里，你的这些话确实说到我心里去了。我这就安排财务落实，我相信你值得公司更好地培养。"

过了一段时间，林曼如愿以偿地得到了加薪，她也更加努力地投入工作中，为公司创造了更多的价值。

林曼之所以能够如愿以偿地获得加薪，关键在于她的表达很有分寸感。她不仅会说话，而且善于交流，能够精准地把握老板的心理与关注点。她凭借着这一优势，充分展示了自己的价值和贡献，从而成功地争取到了应得的回报，实现了加薪的愿望。

这提醒我们，在找老板谈加薪时，要把话说得到位和有分寸。

一是要做好准备。想要说服老板给你加薪并不是一件容易的事情，万一出现失误，就会影响你在老板眼中的形象，不利于日后的工作。因此，在准备向老板开口提加薪之前，一定要先确定好谈话的要点，然后有理有据地展开，让他意识到给你加薪对他、对公司来说都是有百利而无一害的事情，这样你的目的才能达到。

二是要选好时机。提加薪这件事的时候，一定要找好时机。如果你的公司遇到麻烦或者老板心情不好时，你去提加薪的事，无异于自己打自己的嘴巴。一般来说，最好的加薪时机应该是老板正沉浸在喜悦之中，此时，你提出加薪的要求，他大多比较容易接受。

如果要求没有得到满足，要了解原因。当你的要求被老板拒绝之后，你也不要太过激动，质问老板自己辛苦工作为什么得不到应有的待遇……此时，你应该冷静地听听他为什么不给你加薪，这样一来，即便他现在没有满足你的要求，也会提前想着你的，若又闹又嚷只能让事情变得更糟。

如果有条件可以借他人之口帮你传话。作为一个员工，直接向老板提出加薪要求的确比较困难，此时，你就可以借助于一些经常打交道的部门经理或和老板比较熟络的员工帮你传话。这样一来，既避免了双方的尴尬，也让事情有了缓冲的时机。不过，这个传话的人一定得是你了解的，且跟你关系很好的人。

总之，要想成功获得加薪，就要想好如何深入了解老板的期望和关注点，展现自己的成长和进步，并以积极、开放且有分寸的态度与老板进行沟通。只有这样，才能够让老板看到你的价值，从而顺利达到加薪的目的。

说建议的话要注意掌握分寸

有些时候，当建议不被对方接受时，是由于提建议的方式不合适，引发了对方的抵触情绪，导致建议被驳回。这提醒女性朋友，在提建议时必须讲究巧妙的方式方法，提高对方的接受度，才可能让建议获得重视并被采纳。下面的例子说明了提建议时掌握分寸的重要性。

三国时期，曹操亲率二十万大军气势汹汹地南下，直逼东吴。一时间，东吴朝堂之上人心惶惶。大臣们分成了主战和主降两派，激烈争论，莫衷一是。

东吴之主孙权陷入了深深的犹豫之中。就在这关键时刻，大臣鲁肃站了出来，他对孙权进言道："主公，如今局势危急，但请主公细想，众人皆可降曹操，唯主公不可降。那些大臣投降曹操后，仍可在其麾下谋得一官半职，继续为臣。然而主公您若降了，又将被置于何地呢？曹操多疑善变，他会如何对待主公您呢？难道主公愿意将祖宗基业拱手相送，从此屈居人下，受他人摆布吗？"

鲁肃的这一番建议可谓字字珠玑，分寸拿捏得极其精准。他既没有过分激烈地指责主降派，避免了朝堂上的更大纷争，又清晰地指出了投降的严重后果，巧妙地激发了孙权内心的不甘和斗志。孙权听后，犹如醍醐灌顶，原本摇摆不定的心顿时坚定起来，他明白自己绝不能轻易投降，必须为东吴的未来奋力一战。

最终，下定决心的孙权准备与刘备联军，共同对抗曹操。在赤壁之战中，孙刘联军凭借着智慧和勇气，以少胜多大败曹操。这场战役不仅挽救了东吴，也改变了当时的政治格局，奠定了三国鼎立的基础。而鲁肃这一番有分寸的建议话语，成功地推动了东吴走向辉煌，其影响力不可小觑。

从这个故事中，我们可以知道想要成功获得对方对自己看法的认同，首先必须有合乎情理且经过深思熟虑的建议。这建议不能是空想，而是基于实际情况的。

我们需要学会在提出建议时掌握好分寸，既要有足够的坚定性来传达自己的观点，又要有足够的灵活性来适应对方的反应。这需要我们具备良好的观察力和判断力，能够准确地把握对方的情绪和需求，从而选择最合适的表达方式和语气。

那么，如何提建议才能让对方认同呢？以下是一些实用的策略，可以帮助我们更好地提出建议，增加对方接受的可能性。

首先，在提出建议之前，我们需要投入时间去倾听和理解对方的观点和需求。这种同理心的表现不仅能够让对方感受到尊重，还能够帮助我们更准确地把握提议的方向。例如，如果我们注意到对方在某些问题上表现出犹豫或困惑，就可以从这些问题出发，提出能够帮助对方解决问题的建议。

其次，在表达建议时，我们应该避免使用命令或负面的措辞，而是应采用鼓励和积极的语句。例如，可以说“我觉得如果你尝试使用这个方法，可能会有更好的效果”，而不是“你不应该这样做，那样行不通”。积极的语言能够减少对方的抵触和防御心理，使建议更加容易被接受。然后，再用事实或案例来支持我们的观点时，对方更容易理解和相信我们的建议是可行的。例如，如果我们建议对方采用一种新的工作方法，就可以分享这种方法在其他团队成功应用的案例，以此来证明我们建议的有效性。

再次，选择合适的时机提出建议，可以大大提高建议的接受率。例如，在对方心情良好、比较放松的时候提出建议，或者在对方自己意识到需要帮助和改变的时候提出建议，通常会得到更积极的响应。在提出建议后，我们鼓励对方表达自己的想法和感受，并对对方的反馈保持开放的心态。这种态度不仅利于双方的沟通，还能够帮助双方一起找到最佳的解决方案。

最后，提建议时，要保持自信。这一点很重要，因为相比那些看上去显得聪明的人，人们往往更倾向于信任那些看起来“可靠”的人。他们所展现出的自信状态，在一定程度上能提高他人的认可与信任，从而让建议更容易被接受。

话到舌尖留三分，好感自然生

在与他人相处中，聪明的女性懂得什么该说，什么不该说。对于该说的话，真诚而恰当地表达，展现真诚与善意，促进彼此的理解与沟通；而对于那些不该说的话，要忍住不说。不随意评判他人的隐私与不足，不口出狂言伤害他人，以避免不必要的冲突与矛盾。当我们能在言语上把握好这样的尺度，他人自然会对我们心生好感，因为我们展现出了值得信赖和尊重的一面，让关系在和谐与融洽中不断发展。

当我们选择性地分享我们的想法和感受时，实际上是在展示一种成熟和深思熟虑的品质。该说的说，意味着我们在合适的场合，用恰当的方式，表达出我们的观点和情感，这能够增强我们的可信度和影响力。而不该说的不说，则是一种对他人情感的细腻体察和尊重，避免了可能的误解和冲突，让我们的言辞更加温暖和贴心。

也应明确的是，女性在反映情况或者说服他人的时候，该说的不该说的要特别注意选择恰当的时机。一般而言，在你想要说话的对象心情比较平和愉悦的时候，最适合与之进行交谈，这时候获得成功的概率比较高。如果对方正是疲惫不堪或者不顺心、注意力无法集中的时候，多半没有心情听你说话，此时聪明的女性多半会另选交谈的时机。

只有那些欠缺说话技巧的女性，往往毫无顾忌地想说什么便说什么，想讲什么就讲什么，完全不分场合与时机。她们根本不晓得，许多时候，正是由于她们不懂得把握恰当的时机，在办事时才会难以达成既定的目标。也正是因为她们这种肆意妄为地表达，让人对她们产生不佳的感觉。

上海有一家大公司在招聘新员工，求职者络绎不绝。

小霞是名牌大学的毕业生，还有在一家小公司工作两年的经历，得到的评价也不错。这次她也来应聘。招聘官很看好她，当即就让她办理相关的入职手续。小霞非常高兴，甚至有点得意忘形。看到公司那么看重她，便满心欢喜地问了一句："我能不能过完春节再来上班？"招聘官说可以，但春节假期过后，小霞高高兴兴地来上班的时候，公司人力资源部的一位主管却通知她，公司已解除了对她的聘用，理由是公司不会录用在不恰当的场合说不恰当的话的员工。

一句不经意的言辞，若时机选择不当，便可能带来无法挽回的后果。这种现象深刻地揭示了言语的重要性。

"话到舌尖留三分"，意味着在言谈中保留一定的余地，不把话说满、说绝，这样可以避免许多不必要的误解和冲突。这种沟通的智慧体现在对言辞的合理把控上，该说的话恰到好处地表达出来，不该说的话则选择恰当的沉默。

这种有分寸地表达并非源于不信任，而是一种对他人的尊重和对自己的负责。它要求我们在说话前思考话语可能带来的后果，避免因一时冲动而造成长远的影响。当我们在对话中留有余地时，别人也会感到更轻松自在，无疑会增进彼此的好感与信任。

因此，聪明的女性要懂得“话到舌尖留三分”的智慧，还要懂得在表达时控制言辞的分寸，避免说出过于直接或冲动的言辞。

第四章

言语及心的女性，轻松赢得他人赏识

言语及心的女性的话语真挚且贴心，如春风拂面，温暖人心。她们能精准表达关怀与理解，让人感受到美好和真诚。正因如此，她们总是能轻松地赢得他人的信任与赏识。

让对方接受批评的说话之道

对于女性而言，当会赞美一个人时，往往更容易获得对方的好感，然而批评一个人时，即便对方理应被批评，也会从心底排斥批评且对批评者心怀不满。但很多时候批评又不可避免，所以要想让对方不产生排斥心理，就必须注重批评的方式方法。若能做到批评有方法，那么不仅不会被对方排斥，还能增强自身的人缘。由此可见，在批评他人时，掌握恰当的说话之道对女性来说是极为重要的。

王红是某公司营销部的经理。在业务上她是强者，在处理上下级关系上也是高手。在公司，每当王红发现下属犯错误或工作没有做到位时，从来不会当众训斥，而是把对方叫到公司的休息区，边喝咖啡边聊天，她常常这样跟对方说："你最近工作很努力，成绩有目共睹，客户都很满意，不过……"说到此，人们都知道，"不过"后面即是要批评的内容，但王红从来不会一上来就把哪些地方做得不好说出来，而是先肯定对方的成绩，再把不足之处指出来。这样一来，既不会让对方觉得难堪，又很容易让对方接受批评。

这样的处事方法让王红在公司员工中颇有威信，部门的销售额也是步步攀升，很快她的职务又得到了升迁。

让对方接受批评需要我们用心去经营说话的方式和态度，以获得既指出了问题又能促进关系的良好效果。以下几种方式是让对方能够欣然接受批评的说话之道，能很好地维系人际关系，你不妨试试。

1. 劝告式批评

批评是一剂“苦药”，虽利于“病”，但是没有一个人愿意接受。如果我们换一种方式，把逆耳的批评变作善意的劝告，那样“喝药”的人会高兴地喝下，“病”也会除去。

2. 模糊式批评

某公司召开员工大会，目的是整顿近期松散的劳动纪律。会上领导说：“最近一段时间，我们单位的纪律总体来说是好的，但是个别员工的表现却不尽如人意，有迟到早退、上班时间聊天的现象……”

这位领导运用模糊语言，如“最近一段时间”“总体”“个别”，既把存在的问题指了出来，又照顾了个人的面子，说话具有弹性。这种说法往往比直接点名批评的效果好得多。

3. 暗示式批评

如果想让对方接受批评的意见，可以采用暗示的方法。很多人犯了错之后为了不在众人面前丢脸，不想将自己的错误公开。其中有虚荣心在作怪，也夹杂着自尊心。运用暗示法既可保全对方的自尊心，也可让他明白自己所犯的错误，这样的批评比大声的责骂更有效。

4. 安慰式批评

小李刚毕业就应聘到一家公司做秘书，但由于缺乏经验，常犯一些错误。经理在指出她的不足时说：“现在你做错一些事，自然是难免的。我刚参加工作的时候像你一样，也是什么都不懂，也做错过很多事，所以不必太放在心上；另外，我相信只要你能多多反省，认真改正，必然会犯错越来越少。”这样安慰式的批评也很有效。

5. 善意式批评

善意式的批评是朋友式的善意提醒，是发自内心的关怀，犹如春风化甘雨，能滋润犯错者那片干涸的心田。由于这种批评是柔和的，所以很容易被人接受。

6. 迂回式批评

心理学家威廉·詹姆士说：“人类本质中最殷切的需求是渴望被肯定。”所以我们应创造一个和谐的交谈氛围，让受批评的一方感受到你并没有因他犯错而对他有看法，再对其进行批评，就会有效促使他产生自省的心理，产生改正错误的愿望。

7. 间接式批评

妻子买了一件衣服征求丈夫的意见，丈夫觉得这件衣服的颜色太鲜艳了，妻子穿起来不太合适。如果直接批评就会说：“一把年纪了还穿这么鲜艳的衣服，岂不成老妖婆了？”这样说必然效果不会好。可如果间接地提出否定的意见，如：“颜色可真鲜艳，如果女儿穿的话会更好看，这个颜色很适合她。”效果会好很多。

总之，要想让对方心甘情愿地接受批评，要保持真诚与尊重，讲究方式方法。批评时，具体指出问题所在，而非笼统概括，使对方清晰地明白改进的方向。在批评的过程中注意措辞，避免使用过激或有伤害性的语言。最后以鼓励的话语结尾，让对方有信心去改正和提升。

多谈论对方感兴趣的话题

说话是一个技术活，职场上与同事、领导、客户沟通交流，都需要下功夫。有的女性一见面，话题总离不开“今天的天气不错”或“最近在忙什么”等，只要听到这些，就可以判定这是一个不善言谈的女性。这样的女性跟同事之间总是保持着淡淡的关系，又怎么会获得同事热情的帮助呢？跟领导交流，这样的女性显得拘谨，怎么能让领导感觉能担当大任？跟客户话还没说两句，就冷场了，客户还会与其合作吗？

谈对方感兴趣的话题，会引起对方交谈的欲望。如果对方是很时尚的女性，那么可以谈论服装、化妆；如果对方是热爱运动的男性，那么可以谈论有氧运动、球赛；如果对方是一个年过四十的父亲或母亲，那么可以谈孩子的教育问题；等等。对方感兴趣的、爱听的，正想与人交谈的，这些话题绝对能让对方跟你滔滔不绝。

多谈论对方感兴趣的话题，这种做法不仅能让对方感受到被尊重和被重视，还能极大地提升对话的趣味性和深度，通过这样的交流方式，你可以更容易地获得对方的欣赏和认可。

于森是一家化妆品公司的一名业务员，由于业绩突出，很快就得到了晋升。于森人缘好，在半年时间里就与大多数同事打成了一片。很多人都很佩服这个身材矮小，脸上始终挂着微笑，又伶牙俐齿的后起之秀。

她升为主管那天，请同事们吃饭。饭桌上，大家问她有什么秘诀。有个同事开玩笑地问："你人缘这么好，我们都喜欢你，连客户都喜欢你，你是不是施了什么魔法啊？"

于森大笑，说道："是啊，我的魔法很简单，其实你们也会啊！我现在知道你们每个人喜欢什么，那你们知道其他同事喜欢什么吗？我还知道我所要拜访的客户喜欢什么，不喜欢什么。这就是我的魔法啊！"

有人说："你说详细点！"于森说："我们卖化妆品的，面对的几乎都是女性客户。我也是女性啊，肯定有共同话题吧。如果是家庭主妇，我先说养育孩子怎么怎么的，她们都有孩子，都喜欢交流孩子的事情。这样就显得亲近了。然后我转移话题，说孩子好难带啊，她们肯定有同样的感觉。之后我就把话题引到自己身上，跟她们大倒苦水：'我要是嫁个有钱的老公就好了，就不用又带孩子又工作，真是一言难尽啊！'她们忍不住就想安慰我，一安慰，关系就又进了一层。如果是真心想买化妆品，一定会买下的。"

"至于对你们嘛，"于森嘿嘿地笑，"我是你们的开心果，你们怎么可能不喜欢我呢？"

由上述案例可知，于森特别擅长与人交流，仿佛每时每刻都能够洞悉交流对象的内心所想。不管是谁和她聊天，哪怕起初再不开心，最后也会变得开心起来，并且感觉像是找到了一位知心好友，很大程度上是因为她很会说话，尤其是善于说让对方感兴趣的话。

"酒逢知己千杯少，话不投机半句多"，事实证明，很多人能够成为朋友乃至生死之交，往往源于共同的爱好或兴趣，而且双方往往是一谈之下，遂成知音。当然，职场上要接触各种各样的人，你自己不可能什么都喜欢。所以，共同的爱好是次要的，重要的是对方的爱好。

要谈对方感兴趣的话题，首先就要了解对方喜欢什么话题。对同事，在一个办公室，天天见面，总能观察出来，听他们爱说什么，就能了解了。对客户，提前打听好对方的喜好，见面后可以根据观察，也可以用语言试探，他们反应冷淡的显然就是不关心的，那就一定要学会转换话题。聪明的女性要学会在交流的过程中引入对方感兴趣的话题，投其所好，从而得到他人的认可，进而赢得对方的好感。

话要说得漂亮，才能直抵人心

会说漂亮话的女性说得人“笑”，不会说漂亮话的说得人“跳”。事实上也是如此。一个会说话的女性总是讨人喜欢的，同样的话，从她们嘴里说出来就是一颗甜丝丝的糖果，而在那些不会说话的女性嘴里说出来就是一把伤人的刀。

女性可以长得不漂亮，但是必须说得漂亮。无论什么时候，渊博的知识、良好的修养、文明的举止、优雅的谈吐、出口不凡的表达，一定可以让女性活得潇洒快活。人们也都喜欢会说话的女性，她们说出来的话总是能让人高兴地接受，听着心里也舒坦。

比如，两个女性说同样一件事，其中一个说：“她皮肤很白，但是长得太胖了。”另一个则说：“她稍微有点胖，但是皮肤很白。”假如这两句话是说你的，你更喜欢哪一种说法呢？是不是后者让人感觉更舒服？可见，同样的一句话，只是稍微改变一下说法，就可产生完全不同的效果。

因此，女性要会说漂亮话，就要掌握各种说话的技巧和艺术，通过说话来展示自己的魅力，让大家都喜欢你。以下几点可供借鉴：

1. 恰到好处地说“请多关照”

“请多关照”这个句子，很多时候会让你产生意想不到的魅力。但你说“请多关照”必须诚心诚意，并要让人感觉到这一点。道谢时要指名道姓并且直截了当，不要含糊不清，也不要不好意思。要养成找机会感谢别人的习惯，尤其是当别人没有想到时，一句出人意料的真心的“请多关照”，会让人满心欢喜，但要注意千万不要虚假客套，否则别人会感觉得出来，并且觉得不舒服。

2. 多赞美，多说高兴事

与他人相处时，应尽可能地赞美他人的优点，多谈愉快的事情。赞美和鼓励会使别人对你满怀好感和谢意。当然，吹捧和奉承是会令人反感的。与别人谈话要使双方都感到愉悦，这样的谈话才有可能很好地继续下去。

3. 表达不同意见要有策略

当你要表达不同意见的时候，千万不要认为只有自己最高明而不讲方式方法，要诚恳地表达自己的看法，同时又要讲究方法，说话要温和委婉，尽量不要触怒对方，给对方足够的面子，同时让其明白你的想法。

4. 努力了解对方的情感

只有在了解了对方的心理和情感的基础上，才有可能正确地选择该讲什么，不该讲什么，使对方与你产生共鸣，使说话的气氛变得轻松愉快。因此，在同别人谈话时，要根据对方的心理及时调整自己的心理和情感，注意自己的神态举止和措辞，让别人乐于听你讲话。

5. 措辞尽量简洁高雅

不要讲让人难懂的词，不要滥用术语，更不要说自己也不懂的话，同样的言辞不可用得太频繁，不要运用流行语的口头禅，不要讲粗俗的话。要尽量使用适合对方的话，多使用能使对方感觉轻松愉悦的话，尽量简明扼要地表达自己的意思。如果你在说话时能措辞简洁、生动、高雅又贴切，那么就会成为一位说话高手。

6. 说人不说短，恭维不过分

人群相聚，难免闲聊，天上的星河、地上的花草、昨天的消息、今日的新闻，往往是绝好的谈资，何必非要背后论人是非呢？同样，对人客气本是一大优点，但过分的客气就让人不舒服了，会让人觉得缺乏诚意。恭维他人的话也一样，一不能乱说，二不能不分对象地套用同一种说法，三不可多说。

7. 不可过分自夸

赞美的话若出自别人之口，那才有价值。如果自己说了，价值就会降低。而且一般来说，人们总是对自己所经历的事情感兴趣，对与自己无关的事不会太关心，因此在与别人交谈时，尽量少谈自己，不要喋喋不休地夸耀自己的工作、生活、孩子等。除非双方都感兴趣，否则还是谈点别的话题为佳。

8. 开玩笑要掌握分寸

开玩笑不要过头，要适可而止。不是说相熟的朋友在一起不可以开玩笑，但在开玩笑前，先要注意你所选择的人是否能接受得起你所开的玩笑。而且开玩笑，说几句玩笑话就罢了，不要无休无止，不可令对方难堪。因为开了一句玩笑而让大家不欢而散的话，那就没什么意思了。

总而言之，话要说得漂亮，并非华丽辞藻的堆砌，而是真诚与智慧的交融。用恰到好处的表达，传递内心的真情实感，方能如同一把钥匙，打开对方的心门，直抵那最柔软的深处。让我们不断修炼说话的艺术，以漂亮的言辞温暖人心，架起心灵沟通的桥梁。

让老板赞赏的说话技巧

在现代职场中，女性能够凭借其独特的细腻思维和良好的沟通能力，成为不可或缺的力量。然而，要想在职场上获得成功，除专业能力和勤奋工作之外，有效的沟通与说话技巧也至关重要。所以，对于女性而言，掌握一定的说话技巧不仅有助于她们更好地表达自己的观点，还能使老板对其赞赏有加。

李妍刚进入公司时充满活力与激情，一心想要在职场中崭露头角。

在一次重要的项目策划会议上，各部门都在汇报方案。轮到李妍发言时，她没有像其他人那样直接罗列项目的优点，而是先肯定了之前同事们汇报方案中的亮点，然后才提出了自己的想法。

她说："各位同事的方案给了我很多启发，尤其是在成本控制和市场推广方面，有很多值得借鉴的地方。我在此基础上，思考了一种新的可能。我们是否可以结合当下热门的社交媒体平台，进行更具互动性的营销活动，这样不仅能提高品牌知名度，还能增强用户的参与感。"

老板听了李妍的汇报渐渐露出了欣赏的神色。

在项目执行过程中，遇到了一些困难，导致进度有所延迟。老板在紧急会议上大发雷霆，质问众人原因。其他同事都沉默不语，李妍却勇敢地站了出来。

她先是诚恳地道歉："老板，这确实是我们团队的疏忽，给公司带来了损失，我愿意承担责任。但请您相信，我们已经在积极寻找解决方案。"接着，她条理清晰地阐述了改进措施和新的时间节点："我们计划在接下来的一周内，加班加点追赶进度。并且已经和供应商重新协商了交货时间，也安排了专人负责监督每个环节，确保不再出现延误。"

老板的脸色逐渐缓和，赞许地点了点头。

项目最终顺利完成，并且取得了超出预期的效果。在庆功会上，老板特意表扬了李妍。从此，李妍凭借出色的说话技巧和扎实的工作能力，在职场中步步高升，成为同事们学习的榜样。

从上述案例，我们知道李妍在职场中的出色表现并非偶然，她之所以能够让老板赞赏有加，凭借的正是那巧妙的说话技巧。这不仅帮助她在关键时刻化解危机，还为自己和团队赢得了更多的机会。那么，她到底运用了哪些说话技巧呢？

1. 表达清晰，言之有物

任何成功的沟通都建立在清晰的表达之上。科学研究显示，明确、具体的语言更容易被理解和接受。职场女性在与老板沟通时应确保自己的言辞简洁明了，避免使用模糊不清的表述。例如，当提出一个想法时，直接阐述其核心价值和预期成果，而非仅停留在表面的描述。

2. 逻辑清晰，条理分明

根据逻辑推理的原则，一个论点的有效性往往取决于其论据的合理性及论证的逻辑性。女性在呈现观点时，应构建清晰的逻辑链条，使老板能够轻松跟随其思路。这包括使用数据支持观点、展示因果关系以及合理预测结果等。通过这种方式，她们不仅能够增强说服力，还能体现出其细致入微的思考过程。

3. 积极乐观，展现正能量

正能量的传递对于职场交流至关重要，女性在与上司沟通时，应保持积极乐观的态度，即使是在讨论问题或面临挑战时也不例外。积极的语言能够激发团队精神，促进更好的解决方案的产生。同时，这种态度也能体现女性的领导力和团队协作能力，从而赢得老板的赞赏。

4. 文明用语，体现素养

在任何职场交流中，尊重和礼貌都是基本的准则。女性应当在与老板的对话中使用恰当的敬语，表现出对老板及其意见的尊重。这不仅是对他人的基本尊重，也是展现个人职业素养的重要方式。此外，适时地赞美和认可老板的决策或建议也能够加强双方的关系，营造更和谐的工作氛围。

5. 注重倾听，加深理解

有效的沟通不仅是说服他人接受自己的观点，更重要的是理解和尊重对方的意见。女性在与老板交流时，应该展现出真正的倾听能力，这意味着不仅要听老板说什么，还要理解老板为什么这么说。通过提问和反馈来确认自己的理解是否准确，这样既能避免误解，也能展现出自己的专业性和对工作的认真态度。

总而言之，职场女性通过运用以上说话技巧，不仅能有效地与老板沟通，还能在职场上树立起积极主动、专业可靠的形象。这些技巧并非一蹴而就的，而是需要在日常工作和生活中不断练习和完善的。我们相信，通过持续的努力，每位女性都能成为职场中的沟通高手，赢得老板的赞赏以及更多职业发展的机会。

温和的话语，能让风波平息

实践充分表明，在化解诸多风波和危机的过程中，温和的语言很多时候是最为行之有效的一种方式。聪明的女性往往能够巧妙地运用温和的语言化解难题。这种温和的话语能够打破人与人之间冷漠的壁垒，让彼此的关系逐渐升温。

当矛盾产生、风波乍起时，聪明的女性会用温和的言辞，以柔克刚，能巧妙地抚平那些可能引发更大冲突的褶皱，进而得到尽释前嫌的效果。温和的语言拥有神奇的力量，它能在看似复杂艰难的情境中，开辟出一条通往和谐与平静的道路，让风波得以平息，让关系重回融洽。

那么，什么才算是温和的言语呢？温和的言语可以指说话的方式温和，即说话的语气温和、委婉。温和的言语能够使人的心情趋于温和、愉悦，并且使人的思想积极向善，而不是引发嗔恨、不满和抱怨等痛苦的情绪。

姜敏是一家公司的销售主管，最近遭遇了一次不愉快的经历。在处理一次投诉时，客户的不满情绪爆发，与公司的技术人员发生了激烈的争执。这场争执不仅未能解决问题，反而让客户对姜敏所在公司的所有代表都产生了偏见，双方的关系因此变得紧张。

面对这样的困境，姜敏决定亲自拜访这位客户。尽管一开始遭遇了客户的冷遇，但她并没有选择以同样的方式回应。相反，她采取了一种更为温和的态度对客户说："您好，我真心希望能和您坐下来好好谈一谈。如果之前有什么误会或沟通不畅的地方，我相信我们可以通过这次坦诚的对话来愉快地解决。请告诉我您的想法，让我知道能为您做些什么。"

通过这种方式，姜敏不仅展现了她的职业素养，也表明了她解决问题的决心和诚意。她的话语中充满了和解的意愿，为双方提供了一个平心静气交流的机会，希望能够化解之前的误会和矛盾。正是在这样春风化雨式的说辞下，客户最终选择了和解。

试想，面对这样温和的态度和言辞，这位客户心中的怨气还能不得以化解吗？当一个人在与他人交流时，如果对方展现出友善、耐心和理解的态度，那么这种积极的氛围往往会让人感到舒适和放松。在这种情况下，即使客户原本带着一些不满或者抱怨，他们也会逐渐被对方的温和感染，内心的怨气也会逐渐消散。

温和的态度能够让客户感受到被尊重和被重视。当对方以平和的语气回应客户的抱怨时，客户会感到自己的意见得到了认可和重视。这种被尊重的感觉会让客户感到满足，从而减少他们的怨气。言辞的温和也能够传递出一种善意和理解。当对方用柔和的语调表达自己的观点时，客户会感到对方是真心诚意地想要解决问题，而不是简单地应对或者敷衍。这种善意和理解的态度会让客户感到被关心和关注，从而进一步化解他们心中的怨气。

此外，温和的态度和言辞还能够创造一个和谐的交流氛围。在这样的氛围中，客户会感到自己被接纳和被包容，而不是被指责或者被忽视。这种和谐的氛围有助于建立双方的信任和合作关系，使客户更容易接受对方的解释和解决方案。

美国前总统威尔逊曾这样说过："如果你握紧了拳头来见我，我可以明白无误地告诉你，我的拳头比你握得更紧。但如果你来我这里，对我说：'我想和你坐下来谈一谈，如果我们的意见相左，我们不妨想想原因何在，问题主要的症结又是什么。'那么，我们不久就可看出，彼此的意见相距并不很远。即使是针对那些不同的见解，只要我们带着耐心，加上彼此的诚意，我们就可以更接近了。"

可见，如果一个人事先对你心存成见，那你就是找出所有逻辑、理由来，也未必能使他接受你的意见；如果再用强迫的手段，那他就更难以接受你的意见。但是如果我们和颜悦色、轻声细语，就很容易使对方同意你的看法。

如果你不具备言语温和的素质，势必会招来诸多的不顺心以及他人的怨恨。因此，在说服对方的时候，我们一定要调整自己的语言，用婉转友善的方式去引导对方心服口服地同意我们的观点。采用温和的措辞，不仅能够有效地平息潜在的波澜，还能赢得他人的赞赏。

激发同情心说服对方

人们天生具有同情心，这是人类情感中最为珍贵的部分。因此，当你需要他人援助时，合理利用这一特点，通过真诚地展示你的处境以获得对方的理解，这可能会唤醒他们内心的同情，使其愿意伸出援手帮助你。如果再辅以恰当的说服技巧，让这份同情心转化为你的助力，你不仅能得到所需的帮助，还能赢得他人的尊重和赞赏。

常女士是一家服装加工厂厂长，该厂正加工出口服装却因缺丝线停工。丝线要四天后才到，届时就算赶工也无法按时交货；若不能如期交货要赔三倍罚款，厂子就会面临解体，靠厂吃饭的员工也将受影响。接到这单子本就不易，如今陷入困境，常女士不知如何是好。

辗转打听，常女士找到一家有这种丝线的加工厂。她来到那家加工厂，可丝线已被预定了。无论她怎么说，厂长都只说货已订出，需要的话得等下个月。一句话就把常女士回绝了。

正当常女士无计可施之时，她抬头看到厂长办公室内挂着的一些奖状，什么优秀员工、杰出员工，就问道："您也是从基层做起来的？"

厂长听到常女士的话，说："嗯，干了快四十年了，一步一步混上来的。"

“我也是，真是不容易啊！我们做服装行业的员工都很辛苦啊，有的时候忙起来就是没日没夜的。”

“是啊，很累啊！”

“就是说啊，现在有份养家糊口的工作不容易。可是，现在我们这边找不到可用的丝线，一周后交不上货，估计厂子就要关门了，又要有很多人失业呢！对了，厂长，这边要是需要人，到时候，我也可以推荐她们过来啊，都是有家有口的，我觉得对不住大伙儿！”

听着常女士的话，丝线厂的厂长叹了一口气，可见，此时相同的经历在他的内心化作了一股深深的同情，说：“厂子里的人应该不少吧，你那工厂的实力应该不错啊！”

“但是这次接的是外国订单，不能按期交货就要赔三倍罚款！厂子若是赔了，就得面临解体啊，我就是觉得对不住那些在厂子里干了十几年甚至几十年的老员工啊！”

听了这话，厂长问道：“你们那边的丝线确定四天后到吗？”

“是的，您放心！我们会和您签订协议，有任何意外我们厂子都会承担。”

“那好吧，我让人跟你去办手续。这里的丝线你们就先用吧！”

由此可见，在找人办事时，激发对方的同情心是十分重要的。当你巧妙地点醒对方，触动对方心灵柔软地带的时候，再难办的事情也能办得成。

不过，在激发对方同情心或责任感的时候，一定要确定你所说事情的程度，不要说一些对方毫不感兴趣的事情。此外，也应对对方有一定的了解。那么具体该如何做呢？

1. 真诚讲述困境

真诚讲述困境是一种沟通方式，它要求我们坦诚而详细地向对方描述目前面临的艰难处境。我们要真实地表达自己的感受和想法，不隐瞒事实，也不夸大其词。这样才能让对方真正了解我们的困境，并给予适当的帮助。这样做是为了让对方充分理解事情的紧迫性和严重性，从而能够更好地帮助我们解决问题。

2. 强调影响他人

提及如果问题不解决，会对其他人（如员工、合作伙伴等）造成的巨大负面影响，引起对方的怜悯之心，意识到问题的严重性，并积极采取行动来解决这些问题，以确保员工的福祉和合作伙伴关系的稳定。

3. 展示努力与无奈

说明自己已经做了很多努力但依然无果，凸显出自己的无助，激发对方的同情心。希望能够得到一些理解和鼓励，只要有人愿意伸出援手，给一些指导和支持，就能够重新振作起来，继续前行。

4. 引发情感共鸣

尝试找到与对方曾经相似的经历或感受，引起情感上的共鸣，让对方更容易站在你的角度思考。

5. 承诺适当回报

适当表示如果对方帮忙，自己会在未来给予一定的回报或感恩，让对方觉得付出是有价值的。

总而言之，在说服他人时，巧妙地运用同情心能够极大地增加我们的影响力。当我们能够理解对方的感受并与对方产生共鸣，展现出对他人的关心与理解时，我们便打开了对方的心扉，使得我们的观点或请求更容易被接受。

奇妙的邂逅，来场独特的开场白

在人生的旅途中，我们时常会遭遇那些仿佛被命运精心安排的奇妙邂逅。而那些不经意的邂逅往往蕴藏着无限的可能。如何在这些短暂的交流中留下深刻的印象，甚至开启一段不凡的故事？一个独特而引人入胜的开场白便成为关键。

当我们用独特而引人入胜的开场白与他人交流时，我们展现出了自己的个性和魅力。这种魅力不仅能够吸引他人的注意力，还能够让他们对我们产生好感和兴趣。无论是在社交场合还是在工作中，一个出色的开场白都能够为我们赢得他人的赞赏和认可。

越国美女西施在苎萝山浣纱河附近生活，她天生丽质，容貌出众。有一天，西施在河边浣纱时，碰巧遇到了正在越国寻找美女的范蠡。范蠡是越国的大夫，他受越王勾践之命，负责寻找美女献给吴王夫差，以迷惑吴王，为越国争取复国的机会。

范蠡看到西施如此美貌，心中暗喜，他知道自己找到了理想的人选。然而，他并没有立刻上前表明来意，而是选择了一种独特的开场白。

范蠡走到西施面前，微笑着说："姑娘，你的美丽如同这河水一般清澈动人，让人陶醉。"西施听到这样的赞美，不禁抬起头，看着眼前这位气质不凡的男子。

范蠡接着说：“我听闻苎萝山有一位奇女子，今日得见，果然名不虚传。”西施好奇地问：“你是何人？为何会知道我？”范蠡自我介绍道：“我是越国的范蠡，奉越王之命，前来寻找美女。”

西施心中一紧，她知道自己的命运可能会因此改变。范蠡看出了她的担忧，轻声说道：“姑娘不必害怕，我并非要伤害你。越国正处于危难之中，需要你的帮助。”西施沉思片刻，然后坚定地说：“如果我的付出能为越国带来好处，我愿意一试。”

就这样，范蠡以他独特的开场白，成功地与西施结识，并说服她为越国的复国大业贡献自己的力量。后来，西施被献给吴王夫差，她用自己的美貌和智慧，成功地迷惑了吴王，为越国的复国争取了时间和机会。而范蠡和西施之间也因此结下了深厚的情谊，成就了一段千古传颂的佳话。

创造一个与众不同的开场白，需要我们运用创意和智慧。传统的“你好，我是某某某”虽然简单明了，但往往缺乏新意。我们可以尝试用一些幽默风趣或出人意料的方式来介绍自己，如通过一个小笑话、一个有趣的问题或一个与场合相关的精彩评论来吸引对方的注意。这样的开场白容易引起对方的兴趣，从而加深对方的印象。

展现真实的自我是奇妙邂逅的基石。在任何交流开始之前，我们应该摘下虚伪的面具，以真诚和自信的态度出现在对方面前。人们通常能够感受到诚意，而真诚的态度能够让人感到舒适，从而为深入的交流打下良好的基础。例如，当我们在一个社交场合遇到新人时，我们可以分享自己的一些真实感受或经历，而不是用一些陈词滥调来打开话题。

利用共同点来建立联系是重要的加深印象的方式。在准备开场白时，我们可以提前了解一些对方的背景信息，如他们的兴趣爱好、工作经历或文化背景。这样在交流时，我们就可以巧妙地引入这些共同点，让对方感到惊喜和亲切。例如，如果我们知道对方喜欢旅行，就可以分享自己的一次难忘旅行经历，并邀请对方分享他的故事。

保持开放和好奇的心态也是奇妙邂逅不可或缺的一部分。在与对方交流时，我们应该展现出对对方的真正兴趣，通过提问和倾听来了解对方。这种关注对方的态度能够让他感受到被重视，从而更加愿意与我们分享他的故事。同时，我们也应该准备好分享自己的故事和观点，因为沟通是双向的，只有双方都投入其中，才能碰撞出火花。

卡耐基说："即使你喜欢吃香蕉、三明治，但是你不能用这些东西去钓鱼，因为鱼并不喜欢它们。你想钓到鱼，必须下鱼饵才行。"所以，针对不同的人，需要不一样的开场白。这就要求我们，每一次奇妙的邂逅，都要针对对方来个独特的开场白，用以打开独属于你们的谈话之旅。

第五章

谈吐优雅更添女性魅力

有些聪明的女性以富有感染力的表达传递自己的思想和情感，其优雅的谈吐给人留下深刻的印象，并借此建立起和谐的人际关系和强大的人脉。

善言巧语，成就风采人生

在当今社会，女性的地位日益提升，她们不仅在职场上展现出非凡的才华与智慧，还在社交场合中以其独特的魅力吸引着众人的目光。而这种魅力，很大程度上源自她们优雅的谈吐。优雅的谈吐不仅能够让女性在与人交流时更加自信从容，也能够在无形中提升她们的气质与风度，增添她们的魅力，使她们在人群中脱颖而出。

谈吐是人的风度和气质的组成部分，也是女性美的组成部分。谈吐不仅指言谈的内容，也包括言谈的方式、姿态、表情、速度、声调等。女性文雅的谈吐是学问、修养、聪明、才智的流露，是魅力的来源之一。与人交谈，既有思想的交流，又有感情上的沟通。如果女性的谈吐既文雅又风趣，还能用丰富的表情和优美的声音来传递，那将会得到意想不到的效果。

一个女性如果只知道化妆打扮，而不懂得如何让自己的言谈举止得体优雅，就难免落得个徒有其表、令人讨嫌的下场。因此，全面提高自己的个人修养，使自己更富有个性魅力，是女性学习社交的重要一课。

优雅的谈吐能为女性增添许多风采，那么，要如何掌握优雅说话的技巧，从而让女性的魅力得以无限释放呢?

1. 声音柔美

吸引人的谈话需要动听的声音。因此，说话时语气要亲切，言辞要得体，态度要落落大方。有些谈话虽然在内容上没有独到的、吸引人的地方，但说话人那动听的声音，却使人觉得是一种享受。因此，女性要有意识地利用自身优美的嗓音。

2. 态度诚挚专一

真诚的态度能唤起人们的信任，加深了解，增进友谊。虚情假意、装腔作势会使人生厌，从而失去与对方交往的机会。一个很好的交际形象，目光应该是坦然的、亲切的、有神的，与此同时，还要做出积极反应，把自己的想法和感受通过点头、微笑、手势、神情、体态等方式随时表露出来。

3. 说话时面带笑容

与人说话面带喜色或嘴角含笑是一种比较合宜的表情。与对方说话，面带微笑会使他感到你对与他的交往十分高兴，这无疑会使他在心理上感到轻松，进一步增进说话的融洽气氛。当然，笑也需要掌握分寸，区别时间与地点，否则就是一种失礼行为。

4. 注意节奏及轻重

说话的声音不必太高，不能像跟人吵架似的，说话的语调要尽可能地沉稳、亲切，这样会使对方觉得你待人真诚，也更容易收到较好的效果。

5. 注重表达方式

与人交流需要表达不同意见的时候，切不可过于直接和生硬，否则容易引发冲突。同时，要持续不断地提升自己的内涵，丰富知识储备，如此才能让自己说出的话语更具深度和韵味，也更能展现自身的优雅与魅力。

如果一个女性的说话方式能够完美地符合上述所提及的种种要求，那么可以相信，只是听闻其声音，就已经会有许多人在不知不觉中喜欢上她了。因为这样的说话水平所展现出来的魅力是极具吸引力和感染力的，能够在无形之中触动他人的内心，让人对其产生浓厚的兴趣和好感，仿佛有一种神奇的魔力，牵引着人们去关注和喜爱。

总而言之，优雅的谈吐是女性魅力的重要组成部分，它能够让女性在与人交流时更加自信从容，展现出独特的个性与魅力。因此，女性应该注重培养自己的谈吐能力，通过不断学习与实践，让自己的谈吐更加优雅、自信与从容，从而为自己增添更多的风采。

说话的魅力在于“大度”

说话要大度，不仅是一种社交技巧，也是一种内在修养的体现。说话要大度，就意味着在交流中能够把握语言的力度和深度，既不轻浮也不过分沉重。这种能力需要我们在理解他人、尊重他人的基础上，建立起有效的沟通桥梁，让彼此的心灵在交流中得到滋养。

举止优雅是对个人修养和气质的最好诠释。优雅的举止不仅包括外在的仪态端庄、举止得体，也包括内在的从容不迫、淡定自若。这种优雅并非一蹴而就的，而是需要我们在日常生活中不断修炼、不断磨砺。当我们拥有了优雅的举止，我们的形象也会因此而更加动人，更容易赢得他人的尊重和信任。

作为女性，在社交中，谈吐和修养是最能征服他人的。因为岁月流逝，青春易老，再美的容颜也经不住岁月的摧残，如果一个女孩腹内空空，即使貌若天仙，珠光宝气，在他人眼中也只不过是装饰用的“花瓶”而已。

果尔达·梅厄是一位善于鼓动人心、口才好、说话有分寸、举止优雅的演说家。传记作家拉尔夫·马丁在书中评述梅厄能在演讲时让听众感动得流泪，她的政治对手戴维·本·古里安听了她在英国的演讲后说：“我被她的大胆言辞震惊，她的话语惊世骇俗，她口若悬河、言辞犀利、一针见血、有胆有识。”

玛格丽特·撒切尔在与人辩论和当众演讲时也有类似口才，她旁征博引，能深入浅出地表述出一种哲学性知识，并且口才好，说话有分寸，举止优雅。撒切尔面对交锋决不退缩的精神，使她在国会中得到许多人的支持，她以决不屈服的斗争姿态进行争论。因而，撒切尔和果尔达·梅厄能被她们的政敌和朋友称为强硬的不妥协者，她们是意志坚强、口才极佳且举止优雅的女性。她们借助于口才天赋达到了政界的顶峰。

一位女性所说的话是否有魅力，一定程度上，决定了她是否具有吸引力，也关系到她是否具有良好的人际关系。

口才是决定一个人生活及事业优劣成败的重要因素之一。有一位心理学家说过：“在造就一个有教养的人的教育过程中，有一种训练是必不可少的，那就是优美而文雅的谈吐。谈吐很能反映一个女性的文化修养和道德水平，并对他人产生不同的心理效应，这是每个女性都不容忽视的。”

要知道，用得体的语言同他人交谈，比措辞优美和条理清晰更为重要。有个成语叫作“言多语失”，说的话多了，自然犯错误的可能性就大。所以，应该力戒喋喋不休，要多动脑少动口，对于事情的考虑自然就更周全，说出来的话自然也就更加有分量。

在日常生活中，我们不可避免地会与人有些意见和想法上的分歧。也许你会比其他人的见解更独到，想法更好。但是，聪明的女性知道在争辩中没有必要总是做赢家，因为她们知道，人都是好面子的，争论中占了上风并不代表自己就真的比别人强，而实际上并不能给自己带来任何实质性的帮助。

总之，说话大度、有分寸，是值得女性追求和践行的交流准则。它能够让女性在人际交往中显得独有魅力，给人留下好印象，增强自身的感染力和影响力。

口才好的女性，总是自带光芒

在现代社会中，口才不仅是一项技能，也是一种影响力的象征，尤其是对于女性而言，良好的口才能力不仅能帮助她们在职业领域中脱颖而出，还能在社会交往中展现个人魅力。一个能够流利、自信并恰当地表达自己思想和情感的女性，无疑是自带光芒的。

某著名大学的辩论社内，王思琪的名字如同一颗初升的新星，她那流畅而富有感染力的口才让她在诸多比赛中脱颖而出。她的声音，无论是微弱还是响亮，都能精准地击中听众的心弦，将每一个听众的情绪引向她希望的高潮。

王思琪记得，她第一次站上讲台时，尽管双腿颤抖，声音低沉，但她的言语中透露出的独特情感，让在场的每一个人都记住了她的名字。她深知，口才好不仅是说得好听，而且是思维的敏捷和情感的传递。

她那份从容淡定，以及每次发言时几乎无可挑剔的逻辑结构，使她在辩论社中的人气飙升。在国际赛场上，面对更强的对手，王思琪都展现出了她的实力。她说出的每一个词，每一个句子，都准确而有力，仿佛光芒从她身上散发出来，赢得了阵阵掌声。

王思琪的口才成为她的标签，她的光芒不仅照亮了赛场，也感染了身边的每一个人。她的演讲，不仅是知识的传递，也是一种灵魂的触碰。她用她的口才证明了，言语的力量能够超越想象，能够触动心灵，能够改变世界。

在公共演讲或面对媒体时，优秀的口才能力可以让女性更加自信地表达自己的观点和立场，从而在公众心目中树立起积极的形象。这种公众形象的建立，对于职业发展和社会地位的提升有不可估量的影响。

良好的口才可以提升女性的领导力。在商业世界或任何专业领域内，清晰和有说服力的沟通都是成功的关键。能够有效表达自己的想法，并能说服或影响他人，是领导力的重要表现。例如，一位能够用她的口才和沟通能力赢得团队信任和尊重的女性领导者，更能有效地推动项目向前发展，实现团队目标。

强大的表达能力可以增强女性的自我认同和自尊心。能够清楚地表达自己的需求和想法，不仅在职场中至关重要，在私人生活中同样如此。这种能力的提升，可以帮助女性更好地维护自己的权益，无论是商业谈判还是日常生活问题的解决。

口才也是一种强有力的社交工具。在社交场合，能够流畅交谈并展现出风趣幽默的一面，会使人更加自信，也更容易吸引他人的关注和喜爱。例如，一位在聚会中能通过智慧和幽默吸引众人的女性，往往能够轻松扩大自己的社交网络，这对个人生活和职业生活都极为有利。

那么，想要成为一个口才好、自带光芒的女性，具体该如何做呢？

1. 积极参与公共演讲

这是一种锻炼口才的重要途径。通过公共演讲，女性不仅可以在实战中提升自己的口才和应变能力，还能学会如何在压力下保持冷静和自信。

2. 持续阅读和学习

这是提升口才不可或缺的一部分。广泛的知识储备可以使女性在交谈和演讲中有更多素材可用，同时能提高她们的思考和表达能力。阅读不同类型的书籍，如文学、哲学、科技等，将使女性在表达时更加深刻和有力。

3. 表现出足够的理解力

我们最喜欢和能理解我们的人交流，因为对方不只关心你所说，也关心你的感觉。所以要想获得对方的喜欢，就要在交流中表现出足够的理解力，并适时让对方感知到。

4. 培养足够强的幽默感

幽默感是交流中不可或缺的，一句得体的玩笑会让气氛更热烈，让关系更融洽。所以懂幽默的女性总是处处受欢迎。为此，平时要培养自己豁达的心态，多多练习幽默的技巧。

5. 学会适时地倾听

倾听虽然没有发声，但它就整个交流过程来说，也是谈话的一部分，因此要学会适时地倾听。通过适时地倾听，向对方传递出友善的情感，进而拉近双方的距离。

总而言之，口才好的女性拥有一种独特的光芒，这种光芒不仅能照亮她们的个人生活，也能在职业和社会舞台上产生深远的影响。通过不断学习和实践，每位女性都可以成为那个在任何场合都能自信表达、谈吐优雅的人，散发出属于自己的独特光芒。

修饰好声音，为魅力加分

略施粉黛，意味着在化妆时恰到好处地增添一些色彩，使整体妆容更加自然、精致。同样地，女性在运用言语时，可以用恰当的表达方式展现自己的独特魅力。无论是优雅的谈吐、机智的应答，还是真挚的关怀，都能让女性在与人交流时散发出迷人的光彩。

言语如妆，不仅在于其外在的表现力，也在于其内在的感染力。一句温暖的问候、一个鼓励的微笑，都能通过言语传递出女性内心的善良和真诚。这种内在的感染力，能够让女性在人际交往中赢得他人的尊重和信任，为自己的魅力加分。

有人说，在决定第一印象的要素中，仪表与声音各占一半。如果一个女性的外表很美，说话的声音也很动听，那就会更加充满感染力。

要使自己的声音有吸引力、耐听，就要注意适当“包装”声音，塑造出声音的美。同样的话，从不同人的口中说出，其效果可能就大不一样。

此外，说话与发声是门艺术，除讲究抑、扬、顿、挫之外，还要求速度适中、强弱得当、高低和谐、感情丰富、转折自然等。

要想使自己的声音好听，有吸引力，女性在说话时，要特别注意以下方面：

一要注意音调的高低变化。有的人讲话习惯保持同一个音调，时间长了，就会使听的人昏昏欲睡，打不起精神，达不到交流的目的。这样再精彩的内容也不会引人注意，自然不利于交往。

二要注意吐字清晰，不要有太多的尾音，每个音节之间要有恰当的停顿。声音太大会让人反感，以为你在那里装腔作势；声音太小会使人听不清楚，让人误以为怯懦。一般来讲，要根据听者的远近，适当控制自己的音量，最好控制在对方听得见的限度内。

三要注意说话速度不要太快或太慢，应追求一种有快有慢的节奏感。在主要的词句上放慢速度作强调，在一般的内容上稍微加快变化。无变化的声音是单调的，如同催眠曲，令人进入精神抑制状态。说话的音量和音调也应随着内容和情绪的变换而变换，时而侃侃而谈，如淙淙流水；时而慷慨激昂，似奔泻的瀑布。在不同声音段里，要有高潮、有舒缓、有喜忧，才能引人入胜，扣人心弦。诸如巧妙地利用嗓音来加强语言效果，这是演说家的秘诀。优美的嗓音富有磁性，具有声乐感，能一开口就吸引住对方。

除技术性的修饰之外，还要注意情感的传递。要让真诚与友善通过声音传递给对方。

人的声音虽说是先天的，但也离不开后天的培养与修饰。修饰好声音并不是件容易事，需要不断地学习。可以把自己的声音录下来，然后请他人客观地提出意见，指出问题所在。

再就是多听听新闻播音员、电台主持人讲话，因其经过专门训练，其语速快慢、音调高低、音量大小控制得恰到好处。多听一听，学一学，自然会有所帮助。当然，这并不是要求与模仿对象一模一样，实际上也不可能做到，而是借鉴其长处。

总之，要想修饰出好声音，为自己的魅力加分，需要多方面学习，既要注重技术性方面的练习，又要进行情感传递方面的强化，只有两者兼顾，才能让自己的声音吸引人。

说话幽默的女性独具韵味

说话幽默的女性，如同那盛开在春日里的花朵，散发着独特而迷人的韵味。她们的语言中蕴藏着智慧和机智，以诙谐的方式表达着对生活的热爱和对世界的理解。她们懂得在适当的时机，用恰当的方式，化解尴尬、缓解紧张，给周围的人带来欢笑和轻松。她们的话语中，既有自嘲的豁达，也有对他人的善意调侃，让人在笑声中感受到温暖和亲近。

说话幽默的女性，往往具有一种独特的个性魅力。她们不随波逐流，不人云亦云，而是敢于表达自己的想法和观点，用幽默的方式展现自己的独特之处。这种独特的个性魅力，让她们在人群中脱颖而出，成为众人瞩目的焦点。

幽默显示了一种自尊优越的人格力量和旷达的心绪。而幽默之于女性，则有助于女性显露睿智与才华，展示其风采与魅力。

一次“香港小姐”的竞赛中，主考官向其中一位参赛选手问了一个很特别的问题：“你嫁人的时候，只能在两个人之中选一个。这两个人一个是肖邦，另一个是希特勒，你选择谁？”

选手爽快地回答道：“我愿意嫁给希特勒。”她的回答令全场观众愕然。这位小姐接着说道：“假如我嫁给他，也许就不会发生第二次世界大战了。”此言一出，全场观众为之喝彩。最后该选手一举夺魁。

幽默并不是讲低级笑话，它是一种生活智慧，是经历了困难和挫折，依然保持的一种达观、积极、决不轻言放弃的人生态度。既不妄自尊大，也不妄自菲薄，现代女性的魅力往往因此而生。

女性的幽默，体现了一种勇敢与自嘲的精神。一个懂得幽默的女性，她不一定美丽，但一定是聪明的、善解人意的。这样的女性生性豁达，喜爱生活，懂得用自己的方式面对难解之情，用微笑放松自己。她们既没有“储存快乐、过时作废”的担忧，也没有“怨艾郁积、累累成愁”的隐患，她们之所以受人欢迎、招人喜爱，是因为她们懂得生活，懂得彰显自己的风采。

说话幽默的女性独具韵味，她们在交谈中巧妙地运用手法，将一些平常的事情说得夸张有趣，时常引来他人的笑声，也适时来点巧妙的自嘲，用轻松的方式调侃自己的小缺点或小失误，让人觉得亲切又可爱。还创造一些有趣的谐音梗或双关语，在日常的交流中自然而然地运用，于不经意间充分展现出自己的机灵与聪慧，让他人感受到这种幽默语言所带来的独特魅力与乐趣。

面对一些特定的情况时，可以灵活地运用幽默的反转思维来巧妙表达自己的观点。通过这种独特的方式，给人带来意想不到的惊喜和新奇感，让人眼前一亮，从而对其印象深刻。

总之，那些说话幽默的女性独具别样的韵味。她们凭借幽默诙谐的语言，淋漓尽致地展现出自身的智慧与独特魅力，为原本平淡的生活增添了一分绚烂的色彩和无尽的乐趣。

多用软话宽心，不用硬话添堵

根据人本善良来判断，人们普遍有吃软不吃硬的心态。在与人说话时，如果以命令的口吻要求对方，对方不但会不加理睬，说不定语气还会更强硬。但如果以女性特有的优势来“软”的，对方反倒会产生同情心。很多时候，对方纵使自己为难，也会满足你的要求。

从某种意义上来说，硬话和直言直语容易伤人伤己。对对方说硬话，会让对方感觉自尊有损。为了维护自己的颜面，对方多半会回以硬话。因此，与人说话时最忌讳的就是说硬话，以硬碰硬。这样，即使再有理的事情往往也得不到妥善解决。

相对于硬话，软话更能打动人。委婉含蓄的语言，既能满足人们心理上的自尊感，使其产生认同感，也是劝说他人的法宝。聪明的女性往往说话委婉含蓄，硬话软说，以达到事半功倍的效果。事实上，温柔比皮鞭更有力，软话比硬话更感人。

战国时期，蔺相如因完璧归赵而声名大噪。一次，他与廉颇一同出席一个重要场合。廉颇因对蔺相如有些嫉妒，便在言语上多有不敬。

蔺相如身边的人十分气愤，纷纷要求蔺相如与廉颇理论。但蔺相如微笑着对他们说：“廉将军乃国之重臣，他有他的脾气也是正常的。我不能因一时之气而与他起冲突，否则只会给国家添乱。我们应以和为贵，用软话去宽他的心，而非用硬话去添堵。”

后来，蔺相如在路上遇到廉颇，他主动避让，并让随从不要声张。有人不解地问他为何如此，蔺相如温和地说：“我与廉将军都是为了赵国，若我们起争执，岂不是让他国看笑话？我这般做，是希望能以我的谦逊让廉将军感受到我的诚意，从而化解矛盾。”

廉颇得知蔺相如的这些举动和话语后，大为感动，也意识到自己的狭隘。最终，廉颇上门负荆请罪，两人成为刎颈之交，共同为赵国的稳定和繁荣努力。

蔺相如正是凭借这种多用软话宽心、不用硬话添堵的说话之道，成功化解了与廉颇的矛盾，成就了一段千古佳话。

有很多事情是不宜直来直去的，如果换一种方式，说说“软”话，可能效果更好，从某种意义上来讲，这就是绵里藏针，软中带硬。软就是说话时的语气和态度都比较和缓；硬就是表达的深层内容中有比较强硬的成分。

这种表达方式常常被用来在需要坚持己见或者传达重要信息时使用。和缓的语气和态度，可以让对方感受到被尊重和被理解，从而更容易接受我们所传达的信息。同时，通过在内容中加入一些强硬的成分，可以确保自己的观点得到充分的表达，并且引起对方的重视。

这种方式的运用需要一定的技巧和灵活性。在表达时，需要注意语气的把握，既要保持和缓，又要避免过于软弱。同时，在表达强硬成分时，也需要适当掌握力度，避免过于激进或者冒犯对方。

可以说，绵里藏针、软中带硬的表达方式是一种既能够传达自己观点，又能够保持和谐氛围的有效沟通方式。它能够在不伤害对方情感的前提下，坚定地表达自己的意见，达到沟通的目的。

总之，在人际交往中，采用温和与体贴的话语来安慰和宽慰他人，比起使用尖锐或强硬的言辞更能减少摩擦和冲突，更有利于营造和谐的沟通环境。因此，在与人交流时，应多考虑对方的感受，用更柔软、更具包容性的语言去表达自己的观点和需求，以维护良好的关系，促进问题的积极解决。

用好口才，提升自己的影响力

会说话的女性，往往能够凭借其出色的语言表达能力，在人际交往中如鱼得水，轻松赢得他人的喜爱与认同。她们能够运用恰当的言辞，在各种复杂的情境中周旋自如，以智慧和魅力化解难题，为自己开辟出更为广阔的天地，让自己的人生因出色的口才而变得更加精彩辉煌。

有几个制鞋厂女工在午休时闲聊，由于过于专注而忘记了时间。组长赵凤发现后，立刻大声斥责她们，还声称要扣奖金。女工们只能不声不响地回到岗位，心里却对赵凤充满了怨恨，觉得她不近人情。

副组长李媛看到这一情况后，赶忙过来安慰女工们说："姐妹们呀，别太往心里去。这事儿确实咱们做得有点不妥，赵组长也是着急了点，大家下回注意时间就好啦。我一会儿去和赵组长好好说说，让她别把这事儿闹到老板那儿去。"女工们听了李媛的话，心里的气顿时消了不少。

李媛在和女工们交流时，总是和声细语，耐心倾听她们的想法和建议，还时不时地用鼓励的话语激励大家。当遇到意见不同时，她也会用委婉的方式提出建议："我觉得我们可以尝试这样去做，说不定会有更好的效果哦。”

两个月后，老板鉴于实际情况，提升李媛为车间主管，负责管理各生产小组，而赵凤则被免去了组长一职。

从这个故事中可以看出，李媛升职、赵凤被免职的原因，就是赵凤口才不佳，说话方式不当得罪女工，而李媛凭借和善的语言赢得女工支持。她那让人舒适的话语和巧妙的沟通方式，充分展现了好口才的魅力，让她光芒四射，在工作中脱颖而出。

当女性练就好口才时，她们的光芒便会自然散发出来。她们能够用言语照亮他人的心灵，用智慧点亮自己的生活。这样的女性，无论在何种场合中都能够脱颖而出，成为众人瞩目的焦点。

如果你内心也渴望在职场或是其他各种场合中散发出耀眼的光芒，那么不妨尝试一下以下这些练就好口才的有效方法：

广泛阅读不断增加自身的知识储备：如此才能在面对各种话题时都能够侃侃而谈，并且能说出富有深度和内涵的话语。

培养倾听习惯：认真倾听他人讲话，理解他人观点和需求，这是良好沟通的基础，也能让自己的回应更恰当。

模仿练习：可以模仿那些优秀的演讲者或者口才极为出众的人，仔细学习他们的表达方式、独特的语气以及富有韵律的节奏。

提升思维能力：可以通过参与逻辑思维训练、学习逻辑分析方法等多种方式，从而使自己能够更加有条理地表达想法。

多多锻炼：在不同的场合多多锻炼说话能力，积累实战经验。学会用生动有趣的故事来阐述观点，更能吸引人并给人留下深刻印象。每次交流后回顾自己的表现，总结优点和不足，不断改进。适当运用幽默元素，使自己变得更具亲和力与独特魅力，从而更容易与他人建立良好的关系。

总之，在当今社会，对女性而言，练就好口才不仅是一种能力的展现，也是一种魅力的释放。我们应该倡导并鼓励女性踊跃地去练就卓越的好口才，这样她们就可以凭借言语的强大力量，充分提升自己的影响力，并绽放出光芒四射的风采，同时为整个社会带来更多的正能量并产生积极深远的影响。

第六章

职场女性，会说话胜过会做事

对职场女性来说，会说话是一种强大的“武器”。它能够让职场女性在展现自身能力的同时，更好地与他人协作，拓展人脉，进而更快捷、更顺利地实现职业目标。

话要灵活地说，不要绝对地说

在人际交往和日常沟通中，灵活的话语运用是建立和谐关系、促进有效沟通的关键。我们常说“话要灵活地说，不要绝对地说”，这就是强调在表达时要考虑语境、听众的感受以及信息的准确性。

有时候把话说得太绝、太死，是在断自己的后路，不会收到好的结果。有些人为了强调自己说话的内容，喜欢用“绝对”“一定”“肯定”这些带有强烈感情色彩的词语。结果一旦发现自己的话并不合适，想要挽救却已经来不及了。而世上没有后悔药可买，说出去的话就像泼出去的水，是无论如何也收不回来的，只能眼睁睁地看着自己栽跟头，得罪人。

还有些人说起话来愿意用恶毒的词，尤其是生气的时候，更是什么不好听说什么，只顾恶语连珠，却不考虑事后该怎么办。最终，只得闹个鱼死网破，连道歉或挽回的余地都没有。

而灵活说话，意味着我们在传达观点或信息时，能够适时调整措辞和语气，使之既不失真实性，又能被对方接受。这样的沟通方式能够减少误解和冲突，增强彼此的信任和理解。

办公室新来了一位叫王玲的同事，她被安排到和朱珠相邻的位置。然而，谁能想到，这两人仅一起工作了不到半年，矛盾就爆发了。

这矛盾的根源，就在于王玲有很多不好的习惯。她用过的工具或资料从来都不归原位，而是随手一扔就不管了，而且很不讲卫生。

刚开始，朱珠还能勉强忍受，可时间一长，实在是无法忍受了。就在又一次王玲用完剪刀没放回原处，而且工位上全是纸屑的时候，朱珠终于爆发了，她对王玲说："你要是个男的，这般邋遢倒也罢了，可你是个女的。像你这样邋里邋遢，这辈子都别想嫁出去，没有男人能受得了你这样，你以后的日子肯定过得一塌糊涂！"

王玲听了，脸涨得通红，愤怒地回击："我怎么样用不着你管，你以为自己就完美无缺？你这么苛刻，这辈子都交不到真心朋友！"

两人吵得不可开交，随后气冲冲地去找领导，坚决要求与对方分开办公。然而，结果却令人意想不到，领导竟然直接将她们二人辞退！

同事相处，要相互容忍，凡是拥有几分度量的人，都不会对别人说出过激的话。那种喜欢将话说得绝对的人多半是没有自信，只能通过夸大的说话方式来证明自己。那么，是不是只要不说毒话、狠话就算可以了呢？其实，很多时候，我们在工作中也不能把话说得太死。

在职场中打拼的人大多会说些场面话、恭维话、敷衍话，也必然处处小心谨慎，生怕说了不该说的事，答应了不该答应的人。可有时候还是会不经意地说出没有分寸的话，或者在别人的诱导下，答应了自己办不到的事。

比如，在公司的例会上，大家商讨新产品的宣传方案。你对自己的方案很自信，并且经过观察，你发现自己的方案是所有与会者中最好的，但决策者迟迟不肯表达看法，其他人也没有表示欣赏的意思。这时，你会不会急于求成地说出诸如“这已经是最好的了”“你们倒是说说看，还有什么其他更好的方案吗”之类的傻话？

某个同事以朋友的名义，让你帮忙处理某项工作，而这项工作难度很大，你也无法解决。你本想婉言拒绝这桩差事，可是朋友说“你先看看吧”“你就试试吧”之类模棱两可的话，你还会忍心拒绝吗？可如果你没能拒绝，他很可能会在你答应“看看”“试试”之后再追加一句“我等你的好消息”，于是你就在不知不觉中揽下了一桩棘手的差事。假如你不能按时完成，就会背上“说话不算话”的罪名。

工作中会有许多相似的情况发生，令人防不胜防。想要避免在不恰当的时候说出不适当的话或掉进别人的陷阱，就要在回答之前多给自己一些思考的时间，不要没想好就脱口而出。想清楚事情的来龙去脉与利害关系，就不难作出正确的判断了。

总而言之，在职场上灵活说话是一种至关重要的智慧，它需要我们拥有敏锐的职场洞察力、多样的语言表达能力以及深厚的专业素养。通过持续的学习和大量的实践，我们能够逐步掌握这种技巧，并在职场情境中运用得游刃有余。当我们可以以更为灵活、开放且包容的心态去和同事、上司以及客户交流时，不仅能够显著提升个人在职场中的竞争力和影响力，还能推动团队的协作和企业的发展，为营造良好的职场生态环境贡献力量。

言语有界，莫让话伤了他人自尊

言语，作为人类交流的主要工具，承载着信息、情感和认知。然而，正如任何工具都有其使用边界，言语亦有其界限。在我们日常的沟通中，尊重他人是言语交流的基本原则。一句无心之语，有时可能会像锋利的刀刃，不经意间割伤他人的自尊。因此，我们必须时刻谨记，言语有界，我们在表达的同时，应考虑他人的感受。

在交流中，我们不仅要追求语言的清晰和准确，也要追求语言的温暖和善意。我们应当学会用柔和的语调、体贴的言辞去表达我们的想法和观点，避免使用过于尖锐或伤人的语言。只有这样，我们才能真正实现有效的沟通，建立起和谐的人际关系。

尤其是职场中的女性，在开口之前，必须先思考一番，从对方的角度去想想，只有那些利于双方关系的话，才可以说出口，而对于那些对方不愿意听的话，还是保持沉默或者尽量少言为好，要时刻谨记言语有界，切不可让说话伤害了他人的自尊。

在一次小组讨论会上，性格内向的苏瑶提出了一个自己的创意，可能因为紧张，她的表述不是很清晰。林晓一听就着急了，直接大声说道：“哎呀，苏瑶，你这说的什么呀，乱七八糟的，能不能动点脑子啊？”苏瑶的脸一下子就红了，随即调整了下自己的情绪，重新说了一遍。

林晓对苏瑶提出的创意不太认同，直接说道：“你这想法也太幼稚了，根本行不通，别浪费大家时间。”苏瑶瞬间感到非常尴尬和失落。

部门经理找林晓谈话，提醒她：“林晓，你的能力大家有目共睹，但说话也要注意方式。苏瑶对工作积极思考，你那样直接否定她，会伤了她的自尊，不利于团队合作。”

林晓反思后，找苏瑶诚恳地道了歉，并表示以后会注意自己的言辞。从那以后，林晓在表达不同意见时，会先肯定对方的努力和付出，再提出自己的看法。比如：“苏瑶，我觉得你的想法出发点很好，也很有创意，不过如果在这个方面再优化一下，可能会更完美。”

其实，在职场上说话如果没有边界感，就会产生很多不同的反应，如言谈之中能令人回味的，对方自然而然产生隽永的反应；热情洋溢，句句打在人心坎，对方就会产生甜蜜的反应；慷慨激昂，讲出别人所不敢的语言，对方就会产生辛辣的反应；知无不言，言无不尽，对方不由得产生爽脆的反应；谈闻所未闻新奇之事，对方会产生新奇的反应；陈义晦塞，言辞拙讷，对方会产生苦涩的反应；一味诉苦，到处乞怜，对方会产生寒酸的反应；口放利箭，伤人为快，伤人越深，越以为快，对方会产生创痛的反应。而最坏的反应，则是创痛之味。

在职场上要注意说话不伤人自尊，需要从多方面加以注意和践行。首先，我们要始终将尊重放在首位，无论是在内心还是语气上，都要保持温和，让人如沐春风。在表达时，先肯定对方的成果或努力，再委婉地提出建议或看法，切不可直接否定，而是用诸如“我觉得可以这样考虑”的方式来替代。用词方面，务必选择客观、中性的词语，不要使用那些带有贬低或嘲讽意味的词语。

同时，要在倾听完对方的话语后再发表自己的意见，以免产生误解而导致说出伤人的话。还要格外注意场合，避免在公开场合说一些不恰当的言论。要控制好自己的情绪，防止情绪激动时口不择言。尊重他人的隐私，不触碰敏感话题。平时多给予他人鼓励，让其信心和积极性得以提升，并且自己也要适时承认不足，营造平等的交流氛围。通过这些细致的做法，我们就能在说话时既有效地传达自己的观点，又能确保不伤害到他人的自尊，从而营造良好的职场沟通环境。

不可否认，人都有不平之气，对方说的话你觉得不入耳，不妨充耳不闻；对方的行为你觉得不顺眼，不妨视而不见。何必过分认真，定要报以尖刻的话，伤及他人自尊？

总之，言语有界，切莫让言语成为伤害他人自尊的利器。让我们以智慧为引，用爱心加持，去巧妙地驾驭言语。以真诚打底，让善意蔓延，去温暖每一个人的心灵。让我们携手共同营造一个充满爱与尊重的美好沟通环境，使每个人都能在其中畅然交流。

巧妙包装后的实话更受用

诚实与真诚无疑是建立彼此信任关系的基础，然而，直言不讳有时可能会因缺乏考虑而伤害他人的感情或引发不必要的冲突。因此，如何在保持真实性的同时，以更为委婉、恰当的方式表达观点，就显得尤为重要。

有些话巧妙包装后再说并不是指掩饰或歪曲事实，而是指通过精心选择措辞、调整语气和态度，使话语更易于被人接受，更能触动人心。这种技巧不仅体现了对对方的尊重，也反映了说话者的情商和沟通技巧。通过巧妙包装后的实话，往往更能有效地传达信息，促进双方的理解与共识。

王娜是个大大咧咧的人，做事总是丢三落四，这天新买还不到三个月的手机就被弄丢了。好朋友文文得知后，立马叫嚷起来："你看看，我之前说啥了，这就是'不听老人言，吃亏在眼前'啊！我都跟你强调多少次了，要万分小心，要格外仔细，结果你连自己的东西都保管不好，你还能做点啥呀？""行了！别再说了！"王娜气恼地打断文文的话："丢都丢了，我乐意丢，关你什么事啊！"王娜显然是真的发火了。

文文本来是一番好意，可是她的语气过于生硬，责备多于劝慰，尽管说的是实话，但是没有注意方式方法，没有对语言进行巧妙包装，就直白过硬地表达出来了，结果引发了王娜的抵触情绪。如果文文用温和、委婉的方式表达自己的看法和建议，就不会闹得不欢而散了。

过去，人们常常将快言快语、直来直去视为人性中一种颇为美好的品质。然而，对于那些会说话的女性而言，直言直语却被视为说话的一个大忌。在她们看来，在与人相处时，说话稍微隐晦一些，既能给自己留出更多的余地，又可以避免冲突。

真诚是做人最大的优点，但这个优点会使女性在向自己身边的亲人、朋友、同事提出忠告和建议的时候，语气过于生硬，责备多于劝慰，不仅不能给他人提供帮助，反而易让自己陷入尴尬的境地。而聪明的女性不会如此，她们懂得“忠言不必逆耳”的道理，知道恰如其分地去与他人沟通。

同样是忠言，顺耳的话比逆耳的话更能让人接受，正如甜药比苦药更容易入口。因此，会说话的女性向别人提出忠告时，都尽量避免用逆耳的话刺人、伤人，而是尽可能地把它转化成顺耳之言，因为这样往往可以获得更好的效果。

古语说：“良药苦口利于病，忠言逆耳利于行。”对于接受忠告的一方来说，这固然是至理名言，对于提出忠告的一方来说，却有所不宜。因为人们大多乐意听好话，听别人赞美自己的长处和优点，而不愿意听别人直说自己的短处和缺点，真正能听得进逆耳忠言的人并不多。

所以，会说话的女性在提出忠告时都很讲究方式方法。毕竟，忠告再有价值，如果对方不接受，也是枉然。如果我们不论对象、不分场合、不择时机、不讲方法做事，那么非但不能起到应有的帮助，反而会让对方产生反感，甚至引发矛盾与冲突。

要想将实话巧妙包装后再说，首先，要学会换位思考。从对方的角度去感受和理解，想想如果自己听到这样的实话会有怎样的反应，从而调整表达方式和措辞。比如，在指出他人的错误时，不要直接尖锐地指出，而是采用更温和、更委婉的方式，先给予肯定和鼓励，再以建议的形式提出问题所在。

其次，要运用恰当的语气。同样的话，用不同的语气表达，效果可能截然不同。保持平和、友善的态度，能让对方更易于接受实话。还可以借助于一些故事或例子来隐晦地传达实话。通过生动的事例，让对方在聆听中自行领悟其中的道理，这样往往比直接说出来更能让人接受。另外，选择合适的时机也至关重要。在对方心情愉悦、放松的时候，更容易接受真话。而在对方情绪不佳或正处于压力之下时，实话可能需要暂时搁置或换个更合适的时间再说。

总之，实话诚可贵，但需通过巧妙的包装，才能使其发挥出更大的价值，既保持了真诚，又能让人际关系更加和谐、稳固。

职场关系，由言而变

在职场这个充满竞争的环境中，激烈的角逐时常使得身在同一办公室的同事之间仿佛横亘着一层若有若无的隔阂。大家彼此心存戒备，导致气氛紧张而沉闷。然而事实上，这种状态是完全可以通过语言来加以改变的。

在办公室里对同事可以试着用温暖的话语去打破双方间的隔阂，如一句真诚的问候、一个由衷的赞美或是一次友善的交流。通过这些话语的传递，逐渐拉近彼此的距离，让同事间的关系不再那么生硬，从而营造出一种更为和谐、轻松的工作氛围，使大家能更好地携手共进，共同应对职场的挑战。

甜言蜜语是气氛的调节剂，是办公室人际关系的磨合剂，是女性解决办公室难题的小技巧。职场女性要想纵横职场所向披靡，那么会说话无疑是一项至关重要的职场生存技能，值得她们用心去掌握。

苏阳是一家公司的设计师，她所在的办公区里，一直弥漫着一种紧张的氛围。然而，当新同事晓琳踏入的那一刻，一切悄然发生了改变。

晓琳是个格外会说话的姑娘。上班第一天，她就笑容满面地跟每一位同事打招呼：“大家好呀，我是晓琳，很高兴能和大家共事，以后请多多关照。”那热情洋溢的话语，让同事们都心生好感。

中午同事们一起吃饭的时候，晓琳很自然地挽住苏阳的胳膊，亲热得不得了。苏阳却被这样的热情搞得很不自在。晓琳突然对苏阳说：“你这块手表真漂亮，戴上好有气质啊！”

苏阳愣了一下，这块表是男朋友送的，也算名贵，戴在胳膊上从来没有哪个同事注意过。于是苏阳微微一笑，说：“男朋友送的。”晓琳答话：“他真有眼光，表带的颜色很衬你的皮肤。”那顿午饭，是苏阳在上班时期吃过的最好吃的一顿饭。

有一次，同事小李穿了一件新衬衫，晓琳立马说道：“哇，小李，你今天这件黄色T恤真漂亮，我发现你很会穿衣服呀，色彩搭配得都很协调。”小李听了，露出了开心的笑容。

一天下午，同事小燕伏在桌子上，似乎很痛苦，晓琳跑过去，关切地问：“你是不是不舒服？”小燕说她肚子痛。听到这，晓琳马上跑回自己的办公桌拿了一包药，泡好拿给小燕：“把这个喝了吧，我每个月都喝，很管用的。”

就这样，在晓琳的影响下，办公室的氛围变得越来越好。大家在工作中互相鼓励、互相帮助，欢声笑语时常回荡在办公室里。每个人都觉得工作变得更加愉快和充实，同事间的关系也越发紧密和谐。

在职场中能够把赞美、关怀之语说出口，用“甜言蜜语”是可以收获同事感情的。说话本身便是一门艺术，讲一些赞美和关心的话语，必然会让他人感觉舒服、轻松且愉快，同时拉近了与对方的距离。而平常那些似乎彼此存有戒心的同事，也会因这些“甜言蜜语”

而变得乐意与你多交流、多往来，进而改善你们之间原本沉闷的氛围，为你们在工作中的团结协作奠定坚实的基础。

工作中需要同事帮忙时，可以这样说：“我知道你做表格很好，我想学怎么都学不会，脑子太笨了。你帮我把这个做了，改天你教教我吧。”遇到领导布置任务时，可以当着小张的面说：“我觉得我这方面业务还不是很熟悉，小张更熟悉这个客户，而且对业务流程非常精通，您交给他吧，我想跟他学学。”

看到哪个同事脸色不太好时，可以主动上前询问“不舒服吗？我有感冒药”或者“你不舒服就不要去餐厅了，我帮你带饭吧”。

只要一句真心的提醒、一句发自肺腑的关心、一句真诚的赞美，人与人之间的关系瞬间和谐。而且女性本质上是比较感性的，在说这些话时更显得真诚，不造作。所以，女性要想成为办公室人人都喜欢的人，其实很简单，只要拿好你的语言武器。

总而言之，职场关系，由言而变。一句恰到好处的赞美能激发同事的潜能，一句不经意的批评则可能埋下矛盾的种子。因此，在职场中，女性朋友不仅要注重工作的质量，也要注重沟通的艺术。通过深思熟虑的言辞，建立和谐的人际关系，促进团队的协作与成长。同时，学会倾听与理解，尊重他人的观点与感受，努力营造一个积极、健康的职场环境。

精通职场称呼的礼仪密码

在生活中，如何称呼对方是一件极有讲究的事情。如果称呼得恰当合适，对方就会非常高兴；但倘若称呼得不正确，尽管对方嘴上可能不会说什么，在心里却会对你产生极大的不愉快之感。

在职场中，如何称呼就更显得格外重要。如果称呼不得体，常常会引发对方的不快乃至恼怒，致使双方的交流陷入尴尬的局面，进而导致交流不顺畅甚至中断。正确的称呼是建立职场信任和尊重的重要基石，一旦称呼出现错误，可能会让对方感到被忽视或不被尊重，进而产生不满和隔阂。

年仅20岁的马燕是一家外贸公司的前台，前台的重要工作之一无疑就是接待，是公司与外界沟通联系的第一道重要窗口。对此，马燕心里可是明镜似的。

有一天，公司来了一位穿着很正式的老太太。马燕凭借观察判断，这位老太太应该是来公司谈生意的重要客户。于是，马燕立刻绽出了灿烂的笑容，甜甜地唤道："奶奶，您是来找我们老板的吗？"可谁能想到，老太太原本带着微笑的脸瞬间就阴沉了下来，她狠狠地瞪了马燕一眼，嘴里吐出一句："哪儿来的愣头儿青！"马燕万分惊愕，这老太太怎么还骂人呢？不过她还是给老太太倒了一杯水，依旧赔着笑脸说道："奶奶啊，我们老板正在开会呢，可能还得等一会儿。"这时候，老太太的脸色变得更加阴沉了，她一把推开水杯，转身就快步离开了。

恰好此时老板开完会走了出来，一见到老太太就紧紧握住她的手，热情地说："哎呀，大姐大驾光临，真是不好意思啊，我刚刚在开会，让您久等啦！来来来，快里面请。"老板也就 40 多岁，竟然叫老太太"大姐"？马燕正满心疑惑的时候，老太太冷冰冰地对老板说："你称呼错了！应该叫我大妈才对，你的下属都已经叫我奶奶了！"老板顿时愣了一下。马燕这才恍然大悟，原来老太太是因为自己刚才叫她"奶奶"而生气啊，哎呀，完了，这下可把客户得罪了，这可怎么办才好啊？

最终老板成功地搞定了这位老太太，马燕这才长长地舒了一口气。然而，老太太在临走的时候，还是狠狠地瞪了马燕一眼。

在职场中，如何称呼他人是一项至关重要的沟通技巧。它不仅关乎礼仪和尊重，还是构建良好人际关系、提升个人魅力的重要一环。恰当的称呼能够迅速拉近彼此的距离，增强信任感，为合作和交流打下坚实基础。因此，了解并尊重职场中的称呼规则，根据对方的职位、身份和文化背景选择合适的称谓，是每个职场人士必须掌握的基本技能。只有掌握了正确的称呼方式，我们才能在职场中更加游刃有余，赢得他人的尊重和信任。在职场上，一个会说话的女性，在对别人的称呼上是绝对要有所讲究的。

老话说得好："逢人减岁，遇货添钱。"意思是，说对方的年龄，要少说三五岁，说货物则要往贵了说。尤其是对女性，尽可能地用年轻的称呼——哪个女性喜欢别人说自己老呢？如果你 20 多岁，听到一个10多岁的小学生张口叫你“阿姨”，你是不是很想纠正过来让他叫你“姐姐”呢？如果办公室主任是个50岁的女性，你称呼她“大姐”，她会非常高兴。而如果称“阿姨”，她心里会很不舒服。对女士的称呼，要尽量显得对方年轻，这是一种礼貌，是人际关系中要注意的细节，这个细节直接影响你与对方的关系。

对待上司不要用绰号，某某经理就是某某经理，也不要叫“小王经理”“小张经理”。职场新人对一些资历老的同事可以称呼为“老师”，三人行，必有我师焉，叫声“老师”是对人的尊重。不过，私底下同事之间的称呼依关系可以随便一些。女孩子可叫她的小名，如丽丽、小燕；对男性年长者可称“老兄”，年幼者为“老弟”等。但是在会议室、谈判桌上等正式场合，要用正式的称谓；在聚餐、晚会、活动等娱乐性的场合里可以随意一些。

总之，精通职场称呼的礼仪密码，是每一位职场人士都应掌握的基本素养。要想成为一名受人欢迎的女性，就要根据对方的年龄、职业、地位、身份，以及同对方的亲疏关系和谈话场合等一系列因素选择恰当的称呼，借此提升自己的魅力指数以及亲和力指数。

自我推销，会说话是最佳催化剂

自我推销，就是对自己的一种自我夸赞，就如同给自己打造一则宣传广告。也许有些女性会在这方面羞于启齿。但事实上，真的完全不必有任何的担忧和难为情。

很多聪明的女性知道用什么说话方式来自我夸赞，能让他人更容易接受和喜欢自己。有了会说话的加持，她们的自我推销会变得更加有趣、生动，也更能在他人心中留下深刻的印象，从而为自己打开更多的机会之门，在成功的道路上走得更加顺畅。所以，她们通常会大大方方、自信满满地去进行自我推销，而不是让那些多余的羞怯阻碍了自己前进的脚步。

常言“千里马常有，而伯乐不常有”，对于当今这竞争如此激烈的社会而言，聪明的女性懂得自我展现是极为重要的。若只是坐等“伯乐”出现，那恐怕永远都无法崭露头角。

提及自我展现，展现方式的巧妙与否往往会决定成败。有些女性虽然自身颇具才华，却因方式不当而无法获得他人的青睐。然而，若能知晓在自我展现的过程中用一些说话技巧，那必然会收获意想不到的绝佳效果。

萧菱苒是一位奢侈品销售员，一次偶然的机会参加了品牌商举办的高端社交活动。

在现场会聚的各界名流和精英人士中，萧菱苒看到一位知名的时尚博主正与旁人交谈，她礼貌地等待一个合适的时机，微笑着插话道："您好，我是萧菱苒，一名对时尚有着独特见解和执着追求的奢侈品销售员。"

时尚博主饶有兴趣地看向她，萧菱苒继续说道："我一直关注着您的时尚论坛，从中深受启发。我在工作中，凭借对品牌的深入了解和对客户需求的敏锐洞察，为许多像您这样有品位的人士提供了精准的服务。我不仅能为您推荐最合适的单品，还能根据您的风格和场合，给出个性化的搭配建议。"

时尚博主微微点头，萧菱苒紧接着说："如果您愿意给我一个机会，我相信我的专业和热情能为您的时尚之旅增添更多精彩。而且，我在行业内也积累了一些人脉和资源，或许能为您带来一些新的合作机会。"

时尚博主被萧菱苒的自信和真诚打动，说道："那我很期待你的表现。"

萧菱苒欣喜地递上自己的名片，说道："这是我的联系方式，期待能与您有更多的交流和合作。"

萧菱苒通过自我推销，与时尚博主建立了良好的关系，为自己的职业发展打开了新的局面。

自我推销实则暗藏诸多学问与技巧。那么，究竟具体如何表达，运用怎样的言辞，才能在自我推销中脱颖而出，收获理想效果呢？

首先，在自我推销时，展现自信是至关重要的。要自信坚定地表达自己的优势、能力和成就，用清晰准确的语言阐述自己能为团队和工作带来的价值。可以通过讲述个人故事来吸引他人的注意。

其次，说话要保持条理清晰，逻辑连贯。可以分点论述自己的亮点，让人容易理解和记住。要善于用具体事例来支撑自己的观点，让表述更具说服力。同时，要展现出积极热情的态度，语言富有感染力，能吸引他人的关注。

再次，在与他人交流时，注意倾听并给予恰当回应，体现出良好的沟通素养。还有，懂得适时地赞美和肯定他人，营造良好的互动氛围，也能提升自己的形象。同时，表达要专业得体，避免过于随意或情绪化的话语，塑造出可靠、专业的形象。

最后，在推销自己时，强调个人优势和价值是非常重要的。比如，可以说："面对挑战，我总是迎难而上，不推卸责任"，"在我的上一个项目中，我主动协调不同部门的工作，通过有效沟通和资源共享，使团队成员能够超越个人职责，共同达成目标"，"在处理 × 项目期间，我引入了一种新的技术方法，这种方法经过团队的共同努力，最终实现了流程的自动化，减少了 40% 的操作时间，并显著提升了产品的质量"。

总之，对女性而言，在说话的艺术领域中，不仅要有充足的知识储备和深厚的情感智慧，还要着力培养自身的说话技巧。尤其是在自我推销之路上，更是少不了会说话的助力推动。只有这样，才能于各类社交场合里，凭借超凡脱俗的个人魅力以及充满趣味的说话之道，成为一个格外引人注目的存在。

个性言谈，职场双赢新策略

在当今竞争激烈的职场环境中，有个性的言谈，已成为一种双赢的职场新策略。它不仅是个体展示自我独特魅力和见解的窗口，也是促进团队协作、提高沟通效率的桥梁。通过个性言谈，我们能够更加精准地传达信息，减少误解，提高工作效率。同时，它还能帮助我们在职场中建立更加广泛的人脉网络，为未来的职业发展打下坚实的基础。因此，掌握并运用个性言谈的艺术，已成为现代职场人士不可或缺的一项技能。

对女性来说，在职场上能和同事相处得极为和谐融洽，还能深得领导的器重，是与她们善于言谈的口才分不开的。当她们运用独特的个性言谈方式与同事交流时，能轻松化解与同事相处中可能出现的尴尬或矛盾，能让工作氛围变得轻松愉悦，还能更好地促进与同事之间的沟通和协作，使得实现职场上双赢的可能性大幅增加，也能让同事关系更加紧密和稳固，更能让自己在社交场合中如鱼得水、游刃有余。

徐慧所在的部门，全体成员都在为一个至关重要且时间紧迫的项目而加班加点。连续多日的高强度工作让大家都疲惫不堪，办公室里的气氛也显得格外沉闷压抑。就在这时，领导一脸严肃地前来询问项目进度，看着众人无精打采、眼神呆滞的样子，不由自主地皱起了眉头。

徐慧敏锐地察觉到了这一切，她突然笑容满面地对领导说：“领导呀，您看我们现在就像一群没电的机器人，急需您这个超级充电器来给我们充充电啦！”大家听到徐慧这突如其来又充满创意的话语先是微微一愣，随后就像被按下了欢乐的开关，都忍不住开怀大笑起来，领导也被她的话逗乐了，笑着回应道：“那我这就给你们‘充电’，大家可得加油干呀！”

徐慧的这一番话，就如同一场及时雨，瞬间打破了那令人窒息的僵局，让大家重新振作起精神，又充满激情地投入紧张的工作中。

还有一次，一位同事在忙碌中不小心把咖啡洒在了重要的文件上。看着那被弄脏的文件，同事顿时懊恼不已，满脸的焦虑与沮丧。徐慧看到这一幕后，却不慌不忙地笑着说：“哎呀，这文件是想喝咖啡提神呢，不过它好像喝得有点多啦！”同事听到她这俏皮又诙谐的话语，原本紧张的情绪一下子就消散了。在徐慧的感染下，大家也都轻松了许多，随后又愉快地投入了各自的工作中。

徐慧就是这样一个总是能用她独特的言谈，为职场带来轻松与活力的女性，她仿佛是办公室里的一颗开心果，有她在的地方总是充满欢声笑语。

徐慧很会说话，更会用那独具个性的言谈来巧妙处理各种事情。当面对同事的行为时，她总能凭借自己的智慧和口才，看到其中积极光明的一面，而不是一味地去盯着那些错误和缺点。不管事实到底如何，她都深知要去理解和接受人性中可能存在的小差错。她的言谈不是刻意为之，而是自然而然地流露，让同事们在与她相处时既能感受到她的包容与理解，又能在欢笑中让工作的联系更加紧密，这样的她无疑是职场上的一道亮丽风景。

总之，在职场中，独特而恰当的言谈方式能够成为脱颖而出的关键。通过展现富有个性的话语表达，可以更好地彰显自我，让同事和领导迅速记住并认可自己。以真诚而独特的语言与他人沟通交流，能建立起紧密的人际关系，凝聚团队力量。

同时，用个性化的言谈准确传达自己的观点和想法，有助于高效推进工作，创造出色的业绩。如此，既能实现个人的职场发展，又能为团队和组织带来积极影响，真正达成职场上的双赢局面。个性言谈，无疑是开启职场成功大门的一把新钥匙，值得我们不断探索和运用。

第七章

规避冲突，能言善道最重要

在人际交往中，冲突难以避免，而能言善道的女性懂得换位思考，能以充满智慧的言辞缓和紧张气氛，巧妙化解矛盾，从而有效规避冲突，促进关系和谐。

“不”字巧说，消除矛盾避冲突

在女性的生活中，总会遇到各种各样的请求，这样一来，自然就需要拒绝某些无理的要求。巧言说“不”，不仅是一种沟通技巧，也是一种生活智慧。而女性天生细腻的情感洞察力和善解人意的特质，使得她们在拒绝他人时更容易展现出这种智慧。她们懂得如何运用柔和的语气、恰当的措辞和适当的肢体语言，使对方在感受到尊重和理解的同时，也能接收到明确的拒绝信息。

巧言说“不”，并不意味着冷漠或无情，而是意味着在坚持自己原则的同时，也给予对方足够的关心和理解。这样的拒绝方式，不仅能够保护自己的权益，还能够维护双方的关系，使彼此的交往更加和谐。

林女士在某电器市场工作。有一天，她的一位挚友来买手机。这位朋友把柜台上的那些陈列样品仔仔细细地看了个遍，却始终未能觅得心仪之机，便要求林女士领她到仓库里去看看。

电器商场是有严格规定的，除员工外，其他人等一概不准进入仓库。这可让林女士犯了难，面对挚友如此恳切的请求，那个“不”字仿佛被施了魔法般堵在了嗓子眼儿，怎么都吐不出来。

但机智过人的林女士眼珠一转，不紧不慢地微笑着说道：“亲爱的，你有所不知呀，就在前几天，经理郑重地宣布过，绝对不允许任何顾客进入仓库，我这也是没办法呀，可不能违反规定。”

听了林女士的这番话，她的朋友尽管心里还是隐隐有些失落，但相比于直接听到那生硬的拒绝“不行”，这种委婉而又合理的解释显然让她更容易接受，也减少了许多心中的不快。

这个故事中，林女士面对朋友的不合理要求，没有直接生硬地说“不”，而是巧妙地借助商场规定来委婉拒绝。她这种巧言说“不”的方式带来了诸多好处。一方面维护了商场的规定和自身做事的原则，避免了违反规则可能带来的不良后果；另一方面没有直接让朋友难堪，最大限度地减少了朋友心中的不满情绪，使朋友虽未达成目的但也能理解，很好地维系了彼此的友谊。这展现了林女士的聪明才智和应变能力。

可见，学会巧言说“不”，能够消除矛盾化解冲突，使我们在人际交往中更加游刃有余，既坚守了底线，又能赢得他人的尊重与理解。那么，如何开口巧言说“不”，以下几种方式可供参考。

首先，要先表达对对方请求或想法的理解与尊重，如“我知道这件事对你很重要”，让对方感受到被认同。然后诚恳地阐明不能答应的具体原因，原因要清晰且合理，像“因为公司有明确规定，我确实没办法这样做”。若有可能，给出一些其他的建议或替代办法，如“或许可以尝试另一种方式来解决这个问题”。

其次，在说“不”时，要尽可能地使用委婉、温和的语言，切不可过于生硬直接。比如，当想要拒绝一件事时，可以采用像“我可能不太方便做这个”这样的表达方式。这种表述既显得含蓄，又传递出了自己的态度。相比之下，如果直接说“我不行”，就会显得过于决绝和冷酷，容易给对方造成心理上的冲击，甚至引发不必要的矛盾和冲突。

再次，无法答应其要求或不认同对方观点，说不出“不”的时候，也可以选择沉默。比如，当别人问：“你喜欢某某明星吗？”你心里并不喜欢，这时，你可以不表态，一笑而过，别人即会明白。再如，一位不大熟识的朋友邀请你参加婚礼，送来请帖，你也可以不予回复。

最后，在说“不”时，适当提及自身面临的困难或局限性是很有必要的。就像说“我现在手头上有很重要的事情在忙，实在分不出精力”，这样能让对方清晰地了解你的状况，明白我们并非不愿意帮忙，而是确实有现实的难处，从而更能理解我们的拒绝，避免产生误会和矛盾，也能让对方更加体谅我们。

总而言之，当我们学会巧言说“不”时，不仅能够让自己在人际交往中更加从容自信，还能够赢得他人的尊重和信任。希望女性朋友在社会交往中，都能展现出这种智慧，不会因拒绝而矛盾重重，冲突重重。

责怪轻轻放，关系悄悄养

在生活中，女性很容易犯的一个错误就是愿意指责别人，这也许是由于女性要强容忍不了犯错误，也许是由于对自己要求严格。但不管怎样，指责是对别人自尊心的一种伤害，对人际关系是一种破坏。所以，即便是对方犯了错误，也要少指责。

人的本性就是这样，无论他做得多么不对，都宁愿自责而不希望别人来责怪。女性朋友要认识到，在争吵中不会有真正的赢家。就算在言语上似乎占了上风，可与此同时，也在无形中增加了一个可能对你心怀不满与怨恨的人，所以，应学会将责怪轻轻放下，让关系在潜移默化中慢慢滋养，而不是通过争吵去破坏原本可以美好的情谊。

田丹是一家公司的执行经理，在工作过程中，她自然也会对员工提出批评，但她绝不会轻易地去责怪员工。而且，她的批评方式极具艺术性。

有一回，她的秘书在处理一份至关重要的文件时，不小心出现了一些差错。然而，田丹并没有责怪她，而是出人意料地采用了一种极为温和的办法处理此事。

田丹："来，让我们来分析一下情况。这次的差错出现在对一些关键数据的处理上，你看这里。”

秘书：“啊，我当时没太注意到这一点。”

田丹：“没关系，你先重新核对这些数据，确保准确性。然后，在后续的流程中，要更加仔细地检查每一个环节，不能再出现类似的疏忽了。”

秘书：“谢谢经理，我一定努力不再犯同样的错误。”

那一刻，秘书的心里犹如放下了一块巨石，感到格外轻松，她自己都万万没想到，这次居然没有受到任何责怪，心中对田丹不禁又多了几分钦佩与感激。

事实上，如果你只是想要发泄自己的不满，那么你得想想，这种不满不仅不会使对方接受，还给自己树立了一个反对派；如果你是为了纠正对方的错误，那么为什么不去诚恳地帮助对方分析原因呢？

手段应当为目的服务，只有怀有不良的动机，才会采用不良的手段。许多事业有成的女性从不指责别人，从不说别人的坏话。面对可以指责的事情，她们常常这样说：“发生这种情况真遗憾，不过我相信你肯定不是故意这么做的，为了防止今后再有此类事情发生，我们最好分析一下原因……”这种真心诚意的帮助，远比指责的效果明显。

另外，对他人明显的错误，聪明的女性，也不直接指出和纠正。她们秉持这样一个原则，如果不是原则的问题，要多给对方留出改正的时间和机会，这样不仅可以避免树敌，而且会让对方有深刻的反省。何必为此结怨伤人呢？

相反，假如由于自己的过失而伤害了别人，一定要及时向对方道歉，这样的举动可以化敌为友，彻底消除对方的敌意。争吵除了会使人结怨树敌，在公众面前破坏自己温文尔雅的形象外，没有丝毫的作用。假如只是日常生活中观点不同而引致的争论，就更应避免争个高低。她们懂得，假如一面公开提出自己的主张，一面对所有不同的意见进行抨击，那可太不明智了，会致使自己被孤立和就此停步不前。

“多个朋友多条路，多个仇人多堵墙”，生活中聪明的女性都会注意尽量避免树敌，更不会因说话不当而得罪人。

总之，当面对他人的失误或不足时，与其一味地指责与埋怨，不如选择以温和的方式去沟通。轻轻地放下责怪，给予理解与包容，能让对方感受到尊重与关爱，也避免了冲突与矛盾的激化。如此我们才能拥有更加和谐、稳固且美好的人际关系，让生活充满温暖与美好。

把拒绝的语言说得至情至理

在日常生活中，或许是由于我们曾遭遇他人拒绝而内心颇为不畅快，以至于当别人向我们提出要求时，我们往往缺乏勇气去予以拒绝，进而常常使自己背负压力。实际上，无论是被人拒绝还是拒绝别人，都是生活中的常见状态，不必因为拒绝别人而心生愧疚，然而拒绝确实需要一定的技巧，要能将拒绝的话讲得合情合理。

假设一位同事突然开口让你帮他做一项难度很高的工作。答应下来吧，可能要连续加几个晚上的班才能完成，而且不符合公司的规定；拒绝吧，面子上实在抹不开，毕竟是多年的同事。应该怎么找一个既不会得罪同事又能把这项工作顺利推出去的理由呢？有人会直接对同事说，“我能力不够，其实小A更适合”。那你有没有想过当同事把你的这番话说给小A听时，他会做何反应？那我们到底应该怎样婉转地拒绝呢？

当同事向你提出请求时，他们心中通常也会有某些困扰或担忧，担心你会不会马上拒绝，担心你会不会给他脸色看。因此在你决定拒绝之前，首先要注意倾听他的诉说——比较好的办法是，请对方把处境与需要讲得更清楚一些，自己才知道如何帮他。接着向对方表示你了解他的难处，若是你易地而处，也一定会如此。

倾听能让对方先有被尊重的感觉，在你婉转表明自己拒绝的立场时，也比较能避免伤害他的感觉，或让人觉得你在应付。如果你的拒绝是因为工作负荷过重，倾听可以让你清楚地界定对方的要求是不是你分内的工作，而且是否包含在自己目前重点工作范围内。或许你仔细听了他的意见后，会发现协助他有助于提升自己的工作能力与经验。这时候在兼顾目前工作的原则下，牺牲一点儿自己的休闲时间来协助对方，对自己的职业生涯绝对有帮助。

倾听的另一个好处是，你虽然拒绝了他，却可以针对他的情况，建议如何取得适当的支援。若是能提出有效的建议或替代方案，对方一样会感激你。甚至在你的指引下找到更适当的支援，达到事半功倍的效果。

当你仔细倾听了同事的要求并认为自己应该拒绝的时候，说的态度必须是温和而坚定的。好比同样是药丸，外面裹上糖衣的药，就比较让人容易入口。同样地，委婉表达拒绝，也比直接拒绝让人容易接受。

例如，当对方的要求是不合公司或部门规定时，你就要委婉地表达自己的工作权限让对方知道，并暗示他如果自己帮了这个忙，就超出了自己的工作范围，违反了公司的有关规定。在自己工作已经排满而爱莫能助的前提下，要让他清楚自己工作的先后顺序，并暗示他如果帮他这个忙，会耽误自己正在进行的工作，会对公司与自己产生较大的冲击。一般来说，同事听你这么说，一定会知难而退，再想其他办法。

拒绝时除了可以提出替代建议，隔一段时间还要主动关心对方。有时候拒绝是一个漫长的过程，对方会不定时提出同样的要求。若能化被动为主动地关怀对方，并让对方了解自己的苦衷与立场，可以减少拒绝的尴尬与影响。当双方的情况都有了改善，就有可能满足对方的要求。对于业务人员，如保险业者面对顾客要求，自己却无法配合时，这种主动的技巧更为重要。

在拒绝的过程中，除了技巧，还需要发自内心的耐性与关怀。若只是敷衍了事，对方其实都看得到。这样有时更让人觉得你不是个诚恳的人，对人际关系伤害更大。

总之，在人际交往中，拒绝往往是一个敏感而复杂的议题。然而，将拒绝的语言表达得至情至理，不仅是对他人尊重的体现，也是维系和谐关系的关键。

至情至理地拒绝，不是冷漠地推托，而是真诚地沟通；不是无情地拒绝，而是理智地选择。它要求我们在尊重对方的基础上，坦诚地表达自己的立场和感受，用理解、同情和理性的语言去解释拒绝的原因。

这样的拒绝方式，能够减少对方的伤害感，增进彼此的理解和信任，从而维护关系的稳定和持久。因此，把拒绝的话说得至情至理，不仅是对他人的一种尊重，也是对自己情感智慧的展现。

呵护友谊，更需要拒绝的艺术

人都是有自尊心的，别人有求于你时，往往带着惴惴不安的心理，如果一开口就说“不行”，势必会伤害对方的自尊心，引起对方强烈的反感，认为你很不讲情面；而如果话语中没有出现“不”，却能让对方感觉到拒绝，这样的拒绝，才能收到良好的效果。

真正的友谊并非无条件地迎合与妥协。呵护友谊，更需要我们掌握拒绝的艺术。拒绝并不意味着对友情的否定，而是对友情的一种珍视与尊重。在适当的时候，用至情至理的方式表达拒绝，不仅能够帮助我们坚守自己的原则和底线，还能让朋友理解我们的立场，进而加深彼此的信任与理解。

拒绝的艺术在于真诚沟通、理解对方的感受，并寻求双方都能接受的解决方案。通过这样的方式，我们能够在维护自身权益的同时，呵护并巩固珍贵的友谊。因此，学会拒绝的艺术，是我们在人际交往中呵护友谊、维系关系的重要一环。

王琦和苏娜是特别好的朋友，她们从中学时代起就形影不离，一起分享过无数的快乐与悲伤，彼此见证了对方的成长与蜕变。

有一天，苏娜兴高采烈地来找王琦。

“琦琦，我最近想创业开个咖啡店，你能不能借我10万元呀？

等我赚钱了就还你。”苏娜满脸期待地看着王琦。

王琦心中一紧，10 万元可不是个小数目，她目前的经济也并不宽裕。但她知道苏娜一直有这个梦想，也不想直接泼冷水让苏娜失望。

王琦拉着苏娜的手，温和地说：“娜娜，我知道你一直想拥有自己的咖啡店，我也特别支持你。可是我现在真的拿不出这么多钱呀，我最近也有一些经济上的压力。不过我可以帮你一起想想其他的办法，如找找有没有合适的合作伙伴，或者看看有没有一些优惠的贷款政策。我相信以你的能力，一定可以实现梦想，而我会一直在你身边支持你，陪着你一起努力。”

苏娜听后，虽然有些失落，但也理解王琦的难处。她紧紧抱住王琦说：“琦琦，谢谢你这么真诚地和我说这些，我知道你的难处，有你这样的朋友真好。”

从那以后，她们的友谊不但没有受到影响，反而更加深厚了。王琦用真诚和理解，既拒绝了朋友的请求，又守护住了珍贵的友谊。

当我们面临不得不拒绝好朋友的某些要求时，想要呵护友谊，就需要懂得拒绝的艺术。它并非简单生硬地说“不”，而是需要我们用心去思考，用智慧去应对，既要表达出自己的真实想法和立场，又不能让朋友感到被伤害，这样才能在拒绝的同时，依然让友谊之花绽放如初。

任何方式的拒绝，总会令人感到不愉快，“委婉”地拒绝是为了减轻彼此的心理负担，绝非故意拒绝对方。对于他人的话，人们总会有一定的情感反应，如果你先说一些让对方听了高兴的话，谈一些别人感兴趣的内容，然后再说一些拒绝的话，即使对方不愿听到拒绝的话，也能以欣然的心态接受你的婉拒。因为当你先说了让对方高兴的话时，对方会有愉悦的心情，这时你再拒绝对方，愉悦的心情会减弱拒绝所带来的消极情绪。所以，在拒绝时，要学会先肯定对方条件的合理性，使其精神上得到一些满足，以减少因拒绝产生的不快和失望，然后再委婉地进行否定。

在拒绝别人时，可以适当地找个借口。面对别人的请求，如果直言拒绝会伤害对方的自尊心，女性可以采取假托非个人的原因作为借口，让对方感到自己的拒绝是情有可原的，从而使对方易于接受。不管怎么说，拒绝别人的要求总是被动的，但是如果你不直接答复对方的要求，转为提出自己的建议让对方回答，往往就可以变被动为主动了。

总之，想要拒绝朋友又不伤害友谊，要真诚坦率地表明实际情况和难处，让朋友明白拒绝是事出有因并非故意推托，注意说话的语气和态度，保持温和友善，不要不耐烦或冷漠，用真诚、理解和智慧来处理，就能做到既拒绝又不伤害友谊。

说话留余地，他日好相见

在日常生活中，我们时常需要与他人交流，而如何表达自己的想法和观点，往往决定了交流的顺畅与否。说话留余地，意味着我们在表达时要有分寸，不要过于绝对或武断，要考虑对方的感受和理解能力。

尤其是女性，当我们在言谈中过于肯定或过于激烈，很容易让对方产生抵触情绪，甚至引发不必要的争执。而如果我们能够适时地留下余地，不仅能让对方更容易接受我们的观点，还能为彼此的交流和沟通留下更多的空间。

这种留余地的说话方式，也是一种对人际关系的珍视和维护。在复杂的人际往来中，我们难免会遇到意见不合或观念冲突的情况。但只要我们能够保持冷静、理智，用平和的语气和留有余地的方式表达自己的想法，就能有效地避免争执和冲突的发生。

从心理学研究来看，每个人都不希望自己的错误或隐私在众人面前被“揭露”，一旦如此，就会觉得尴尬或是愤怒。所以，在生活里，倘若不是因为有某种特别的需求，就应当尽可能地避免去触碰对方的敏感地带，防止让对方在众人面前丢丑。必要的时候可以委婉地向对方暗示其错处或隐私，有些话点到为止就好，要给别人留面子。

在北京的一家酒店，一位外宾吃完一道茶点后，顺手把精美的景泰蓝食筷悄悄地“插入”自己的西装内衣口袋里。

这一切被一位工作人员看在眼里，只见她不露声色地迎上前去，双手擎着一只装有一双景泰蓝食筷的绸面小匣子说：“我发现先生在用餐时，对我国的景泰蓝食筷爱不释手。非常感谢您对这种精细工艺品的赏识。为了表达我们的感激之情，经餐厅主管批准，我代表本店，将这双图案最为精美并且经过严格消毒处理的景泰蓝食筷送给您，并按照酒店的‘优惠价格’记在您的账上，您看好吗？”

外宾当然明白这些话的弦外之音，当即表示了谢意后，解释道：自己多喝了几杯酒，头有点儿晕，误将食筷放入内衣口袋里，并借此下“台阶”说：“既然这种食筷不经消毒就不宜使用，那么我就‘以旧换新’吧！哈哈。”说着取出内衣口袋里的食筷恭敬地放回餐桌上，接过工作人员递给他的小匣子，不失风度地向付款台走去。

在整个过程中，该名工作人员说话时用词委婉，既指出了问题，又给外宾留足了面子，让事情能够得以妥善解决。

第二天，当这名工作人员在酒店大堂再次看到那位外宾时，她的脸上自然地浮现出一抹微笑，外宾也同样微笑着回应。两人的目光交汇，仿佛昨天的事情只是一段小小的插曲。那曾经可能引发矛盾的瞬间，早已化作了彼此间一份特殊的回忆，见证着人与人之间妥善处理问题所带来的和谐美好。

说话给别人留有余地，其实也是在给自己留面子。因为如此一来，不仅能让问题得以顺利解决，还能够让自己的声誉得以提升。所以，在生活中，除这种情况之外，当他人由于某些原因处于尴尬处境时，你同样要为他说话留出足够的余地。那么如何既能使当事者体面地下“台阶”，又尽量不要使在场的其他人觉察到呢？

在日常交流中，我们要极力避免使用绝对化的言辞，像“绝对”“肯定”“一定”这类过于笃定的话语，尽量不要轻易脱口而出，因为它们容易给人一种不容置疑的生硬感，甚至可能会引发不必要的争论和矛盾。我们应多使用“可能”“也许”“大概”等较为委婉、温和的表达。这样的话语方式不仅能让我们的表达显得更加谦逊和留有余地，也能让对方感受到我们的尊重和理解。如此，能使交流氛围更加融洽，也更有利于促进良好关系的形成，避免因言语不当而产生冲突和误解。

我们在说话的时候，切记不要把话说得太满。比如，千万不能轻易承诺那些自己实际上做不到的事情，要留出一些弹性空间，这样才不会让自己陷入尴尬境地。而面对敏感话题，更是要点到为止，不可过度深入去探究和争论，因为这很可能引发不必要的矛盾与冲突。要懂得适度收敛和克制，保持一份理性和冷静，让交流能够更加顺畅平和地进行，避免因言语的冒失而带来诸多麻烦。

当然，有时候我们也会碰到意外状况致使对方落入尴尬之境，这种时候，说一些留有余地的话能及时地为对方的面子增添些许光彩，那么对方将会更加对你心怀感激。如此一来，你便会增添一分内心的舒畅，减少一些无谓的烦扰，而这都得益于说话时的巧妙留余地。

善辩不是辩论，无须针尖对麦芒

在沟通的艺术中，有一种技巧尤其受到聪明女性的偏爱——那便是善于表达，而不是与人争辩。她们明白，真正的智慧不在于把对方逼入角落，而在于以柔和的方式展现自己的观点，既保持了立场，又不至于造成不必要的对立。以下将从几个角度探讨聪明女性如何通过巧妙的言辞，避免“针尖对麦芒”地硬碰硬，从而在交流中游刃有余。

首先，聪明女性懂得倾听他人。在对话中，她们会用心聆听对方的意见和感受，而不是急于表达自己的立场。她们知道，只有理解了对方的需求和观点，才能更有效地传达自己的想法。这种倾听不仅展现了她们的尊重和关心，也有助于建立信任和亲密感。

其次，她们擅长用提问代替直接反驳。当遇到不同意见时，聪明的女性往往会用开放式问题引导对方思考，而不是直接指出对方的谬误。这种方式可以激发对话者的自我反思，同时避免了正面冲突。提问的方式不仅能够促进深入的交流，还能够使对方感到被重视和被理解。

再次，聪明女性会用故事来表达观点。她们知道，生动的故事比抽象的论述更能打动人心。通过讲述一个相关的小故事，她们能够将枯燥的道理变得生动有趣，更容易被接受。同时，故事的形式也能够缓和气氛，避免让对方感觉被攻击或被贬低。

复次，她们懂得适时地展现自己的脆弱。在适当的时候，聪明的女性会分享自己的困惑或面临的挑战，展现出真实的自我。这种真诚的表现能够打破对方的防备心理，增进相互之间的理解和同情。她们知道，没有人是完美无缺的，承认自己的不完美也是一种勇气和智慧。

最后，聪明的女性懂得掌握语气和节奏。她们在说话时会注意自己的语气和语速，确保自己的表达既坚定又不失温和。她们知道，语气过于强硬或急躁都可能导致对话升级为争执。因此，她们会在保持自己立场的同时，尽量用平和的方式表达差异。

下面，我们通过一个具体的例子来深入了解一下，善辩并非辩论，不需要针尖对麦芒。

苏尼和她的朋友们一起去逛街。在一家服装店，其中一个朋友试穿了一件衣服，觉得还可以，有点纠结要不要买。

朋友说：“这件衣服我觉得还行，就是有点贵。”

另一个朋友立刻说：“贵什么贵呀，喜欢就买呗，别那么小气。”

这时候苏尼笑着说：“哎呀，这件衣服确实挺好看，不过价格嘛，也确实要考虑一下。你看，要是买了它，我们可以再去看看有没有能搭配的饰品，这样整体效果出来可能就更值了，而且说不定过段时间有活动会更划算呢。”

朋友听了苏尼的话，点了点头说：“嗯，你说得有道理，那我再想想。”

接着她们又到了一家饰品店，大家都在挑选饰品。朋友拿起一对耳环说：“这对耳环好漂亮啊，我想买。”

另一个朋友却说：“这有啥好看的呀，太普通了。”

苏尼赶忙说：“哈哈，这对耳环确实有它独特的美呀，每个人的审美不一样嘛。不过呢，我们可以再看看其他的，说不定有更特别的能让你一眼就爱上呢。”

朋友笑着说：“也是，那我再挑挑。”

在整个逛街的过程中，苏尼总是用这种既不尖锐对立，又能表达自己观点的方式和朋友交流，大家都觉得和她相处特别舒服，也很乐意听她的意见。苏尼用她的聪明说话之道，避免了不必要的冲突，同时让朋友感受到了她的理解和尊重。

那天逛完街后，朋友们都对苏尼赞不绝口。苏尼微笑着说：“哈哈，其实这没什么啦，我只是觉得大家一起交流没必要争个高下呀，互相理解和尊重更重要。”朋友接着说：“是啊，这才是真正的善辩，不是像辩论那样非要针尖对麦芒，苏尼你真是让我们见识到了聪明女性的说话之道。”

大家纷纷点头表示认同。从那以后，朋友之间有不同意见时，也都学着苏尼的方式去沟通，她们的关系也因此变得更加和谐与亲密，而这一切都要归功于苏尼所展现出来的那种无须针锋相对，却能巧妙化解难题的智慧说话之道。

综上所述，聪明的女性在说话时要尽量避免“针尖对麦芒”的局面。她们通过倾听、提问、讲故事、展现脆弱以及掌握语气，巧妙地表达自己的观点，同时尊重和理解对方。这样的沟通方式不仅能够避免不必要的争执，还能够增进彼此的理解和信任。在任何社交场合中，这样的女性往往能够赢得人心，成为人们喜爱和尊重的对象。

反驳来袭，如何巧妙化解

在人际交往中，我们难免会遇到意见不合、观点相悖的情况。对于聪明的女性而言，如何能做到以理服人、以情动人从而改变他人，这成了很多聪明的女性在沟通过程中渴望达成的目标，尤其是当遭遇各种反驳时，如何让对方心悦诚服，需要懂得如何巧妙应对反驳。

孙青苒是一位备受尊重的项目经理。她不仅工作能力强，还以出色的沟通技巧著称。一次，在讨论公司的一个重大项目时，各方意见激烈碰撞，几乎让项目陷入停滞。

项目的核心问题在于技术方案的选择。孙青苒和她的团队主张采用更为前沿的技术方案A，但其他部门则坚持使用更为保守且已经被市场验证过的方案B。在一次项目会议上，孙青苒再次面临来自各部门的反驳和质疑。

一位资深工程师首先发言，他列举了方案A的种种不足，包括技术成熟度低、风险大、实施周期长等。面对这些尖锐的反驳，孙青苒没有直接回应，而是选择了倾听和记录。她认真听完工程师的发言，然后微笑着说："非常感谢您的建议，我完全理解您的担忧。确实，方案A在某些方面存在不足，但请您允许我为您详细解释一下我们选择它的原因。”

接着，孙青苒开始逐一回应工程师的质疑。她首先用翔实的数据和案例展示了方案A的优势，包括其潜在的市场价值、技术领先性以及对公司长远发展的重要性。同时，她也坦诚地承认了方案A的风险，并提出了相应的风险应对措施。

在整个过程中，孙青苒始终保持着冷静和礼貌。她没有因为反驳而失去耐心，也没有因为压力而退缩。相反，她用自己的智慧和耐心，逐一化解了对方的疑虑和担忧。

最后，孙青苒说：“我非常理解大家对这个项目的关心和期望。我们是一支团队，我们的目标是一致的。我希望大家能够抛开成见，从项目的整体利益出发，作出明智的选择。”

她的话语充满了真诚和善意，让在场的每个人都感受到了她的诚意和决心。最终，在充分的讨论和协商后，大家一致同意采纳方案A。

这个故事告诉我们，当面对反驳和质疑时，我们不需要用强硬的态度去对抗，而是要用智慧和耐心去化解。通过倾听、理解、解释和协商，我们可以让对方心悦诚服地接受我们的观点。这正是孙青苒这位聪明女性沟通者的智慧所在。

那么，在遭遇各种反驳时，具体如何做才能让对方心悦诚服呢？下面这五个有效反驳的思路，可供你参考。

1. 倾听与尊重

当遇到反驳时，不要急于打断对方，而是给予对方充分的表达空间。通过认真倾听，能够准确地理解对方的观点和立场，为后续的对话奠定良好的基础。同时，要展现出对对方的尊重。尊重是建立良好关系的关键。

2. 理性分析

在回应反驳时，聪明的女性不会情绪化地回应，而是会用事实和数据来支持自己的观点。因为只有理性地分析才能让对方信服。因此，要提前做好准备，收集相关的资料和信息，确保自己的观点有理有据。在与对方交流时，以便客观地陈述事实，用数据说话，让对方无法反驳。

3. 情感共鸣

除理性分析外，聪明的女性还懂得用情感来打动对方。人们在交流时往往带有一定的情感色彩，因此要学会尝试与对方建立情感共鸣。通过分享自己的经历和感受，让对方感受到自己的真诚和善意，从而拉近彼此的距离。当对方感受到自己的关心和理解时，就会更容易接受自己的观点。

4. 提出解决方案

当双方的观点出现分歧时，聪明的女性不会一味地坚持己见，而是会尝试提出让双方都能接受的解决方案。只有找到双方都能接受的方案，才能让对话取得实质性的进展。在提出方案时，要学会充分考虑对方的利益和需求，确保方案具有可行性和公正性。当对方看到自己的诚意和努力时，就会更容易接受自己的观点和方案。

5. 保持优雅与风度

无论面对何种反驳和质疑，聪明的女性都会保持优雅的风度和良好的心态。情绪化的回应只会让对话陷入僵局，始终保持冷静和理智就特别重要。在回应反驳时，要学会用礼貌和尊重的语气表达自己的观点，让对方感受到自己的素养和修养。即使面对再大的挑战和困难，也要学会坚守自己的原则和信念，展现出女性的坚强和独立。

总之，聪明的女性懂得如何以言服人，让反驳者心悦诚服。她们通过倾听与尊重、理性分析、情感共鸣、提出解决方案以及保持优雅与风度等技巧，成功地建立与他人的良好关系，并在交流中取得实质性的进展。这些技巧不仅适用于女性之间的交流，也适用于与男性的交流。因此，我们应该向这些聪明的女性学习，提高自己的沟通能力和人际交往能力。

第八章

温情话语为家庭幸福加温

家庭幸福需要用心经营，温情话语便是最有力的“武器”。一句贴心问候、一番深情表白，能传递关爱与理解。所以，聪明的女性朋友懂得用语言温暖对方，化解矛盾，为家庭营造温馨氛围，让幸福持续升温。

知心话让夫妻情深爱意浓

大多数人在初谈恋爱的时候，彼此礼貌客气，所以两人约会的时候话语也充满温柔和关切。但是结婚以后，很多女性就会认为都是“自己人”了，还需要客气什么？甚至会觉得客气反而让两人的关系疏远。事实上，聪明的女性婚后是还会将知心话说下去的。

女性的知心话语就如同春风拂面，温暖而充满力量。她们不仅用行动去表达爱意，更懂得用语言去营造甜蜜的氛围。会说知心话的女性，往往能够用简单而真挚的话语，让丈夫感受到无尽的温暖和幸福。

知心话从某种程度上来说，是女性对丈夫深沉爱意的自然流露。它不仅能够增强夫妻之间的情感，还能在生活的琐碎中增添一抹亮色。当丈夫疲惫时，一句“亲爱的，你辛苦了”能够给予丈夫莫大的慰藉；当丈夫困惑时，一句“我相信你，你一定能够克服”能够给予丈夫无尽的勇气。

刘茜在处理夫妻关系方面，展现出了非凡的“聪明”。最近她的丈夫肠胃出了问题，难受不已，为此耽误了好几天的工作。这几日他的情绪糟糕透顶，动不动就发脾气。到了吃饭的时候，因为胃部的不适，对以往惯常吃的饭菜也开始百般挑剔，甚至会说些狠绝的话语。然而，刘茜面对这一切，从来不会跟丈夫对着干。

有一天，刘茜特意精心地为丈夫煲了一锅营养丰富的汤，而后又温柔地对丈夫说："亲爱的，快来吃饭啦，我知道你的胃不好，所以今天专门给你煲了这锅养胃的汤。"丈夫听到妻子这充满关怀与爱意的招呼，内心瞬间被触动，感动的情绪如潮水般汹涌而来。因为他心里清楚，这段时间自己总是在不停地抱怨，而妻子说出的每一句话却是那么的温情脉脉。

从这之后，家里再也听不到丈夫充满抱怨的声音了，整个家都被刘茜那充满温情的话语营造得格外温馨。

在生活中，夫妻间的相处模式往往决定着一个家庭的氛围。就像刘茜与她丈夫这样，当面临一些状况时，如何应对至关重要。刘茜用她那知心的话为这个家带来了温暖与和谐。

相反，那些粗鲁且无礼的恶语，就如同一场可怕的风暴，具有极强的破坏力。它们会无情地摧毁爱情所结出的甜蜜果实，让曾经的美好荡然无存，也会将精心构筑的美好一点点地侵蚀殆尽，令人痛心疾首，追悔莫及。那么，聪明的女性在与丈夫相处的时候又应当如何说些知心话呢？

首先，礼貌待人，和气说话。夫妻相处平日里不注重礼貌用语，不觉得有什么，但是一旦有矛盾，发生口角的时候往往就会话语带刺，或冷若冰霜。这样容易挫伤感情。所以平日里就要注意说话的礼仪，如在家中也要使用"请""对不起""谢谢""再见"等礼貌用语，杜绝说粗话、伤人的话。

其次，凡事要商量着来。在家庭生活中，夫妻的地位是平等的。有商有量，互相尊重，不仅是出于礼貌，而且是为了维护家庭的和睦。有的女性在家中，对丈夫习惯实行命令主义，总是说“不能那样做”“要这样做”，这是不尊重人格的行为。遇到对方心境不好时，这些话往往会成为“战争”的导火索，所以要使用征求意见语。尽量不要说“你听我说”“你知道吗”“听我的没错”这类话，而应该多说“你看呢”“这样行吗”一类的话，使双方产生相互平等、相互尊重的感觉。

再次，夫妻之间有矛盾时，要婉转地说。比如，丈夫说：“我个子是不是太矮了。”你如果说：“是的，当初我应该找个比你高的。”那么丈夫一定很伤自尊。但是，如果你说：“我如果真找了个高的，就不一定能碰上你这么好的。”这话既不违心，又能使丈夫得到安慰，是一种比较好的表达方法。

最后，夫妻之间多说些积极的话。例如，批评丈夫：“你对家里的事太不关心了！”这往往会使丈夫不能接受，他往往会说，“我怎么不关心了？”如果换一种积极性的说法，这样说：“你对家里的事比以前关心多了，如果再能多分点心，我就更显得年轻了。”这样的话，自然不会让丈夫反感。

总而言之，知心的话语，是妻子给予丈夫最深情的陪伴和关爱。当妻子向丈夫倾诉内心的想法、感受和需求时，这些知心话语不仅让丈夫感受到被理解和被尊重，更让家庭氛围变得温馨而和谐。妻子用她的温柔和体贴，将爱意融入日常的话语中，让丈夫在忙碌的工作之余，感受到家的温暖和安宁。

这些知心话语如同阳光般洒满家中的每一个角落，让家里的每一个瞬间都充满爱意和甜蜜。因此，妻子对丈夫说的那些知心话，不仅加固了夫妻之间的情感纽带，也让家成为一个充满爱和温暖的地方。

温柔的话语，让爱情更美妙

在爱情的旅途中，温柔的话语就如同指南针，引导着彼此的心灵更加靠近。当女性用她特有的温柔语调与爱人交流时，每一句话都像是春风拂面，让人心生暖意。这种温柔并非刻意为之，而是源于内心的真挚情感，它让爱情在岁月的长河中越发醇厚。

温柔地说话，是小孩和女性所具有的天性。然而并非每个小孩或女性都善于温柔地说话。小孩即便不温柔地说话，依然会让人觉得极为可爱、惹人怜爱，那是天性的纯真可爱。女性则不同，如果不懂得温柔地说话，就会让人感觉不够可爱，不够迷人，缺乏女性应有的韵味。

可以说，没有哪个男人是会不喜爱自己所爱的女性对自己温柔的。在男人眼里，说温柔话的女性温婉、娇憨、可爱、妩媚，令人格外珍爱，而这份温柔的话语，是他生命中最宝贵的财富，也是他前行的动力源泉。

温柔的话语不仅能让爱人感受到被珍视和被尊重，也能激发他们的责任感和保护欲。在温柔的话语中，爱人能够找到归属感和安全感，从而更加珍惜和呵护这段感情。这种交流方式不仅促进了彼此之间的理解和信任，也让爱情在相互的包容和呵护中更加坚韧。

《泰坦尼克号》中，女主角露丝是一位贵族小姐，她与穷画家杰克在泰坦尼克号的首航中相遇并相爱。

在一个星光灿烂的夜晚，杰克和露丝站在船头，感受着海风的吹拂。杰克轻轻地握住露丝的手，对她说："露丝，你是我一生中最美好的遇见。你的美丽、善良和勇敢让我为之倾倒。我愿意为你做任何事情，陪伴你走过人生的每一段路。"

露丝听了杰克的话，眼中闪烁着感动的泪花。她微微仰起头，无比温柔地看着杰克，轻声说："杰克，你的话让我感到无比幸福。和你在一起的时光是我最珍贵的回忆。我也愿意和你一起面对未来的挑战，无论遇到什么困难，我们都要彼此扶持，不离不弃。"说完，她将头轻轻靠在杰克的肩头，两人就那样静静地站着，仿佛时间都为他们停驻，他们的爱情在这一刻显得如此美妙而醉人。

这样的场景，即便是那些在旁边静静地看着他们的人，其内心深处也会不由自主地升腾起一股暖暖的感觉，那是一种能让人从心底感到温馨与美好的感觉。由此可见，女性确实是需要学会用温柔的方式去和自己的爱人说话的，这一点至关重要，因为这往往能够为彼此的感情增添许多温暖与甜蜜的色彩。

有位名人说过：不会温柔说话的女性是不会做女性的女性。女性的温柔，就像正餐后的一道水果布丁，甜蜜可人，让男人流连不已。

男人都希望自己的女友、妻子偶尔表现一下那种淘气的、无助的、纤弱的温柔。当男人在外奔波工作了一天，回家最想看到的就是妻子温馨甜蜜的温柔和关心。只要你能满足他的这种需求，为他营造一个温暖的氛围，那么他一定会爱你，你也一定会成为世界上最幸福的女性。

温柔地说话也是女性的天性，所以希望每一个女性不要忘记上帝赋予的“武器”，要利用好这个“武器”来润滑和爱人之间的关系，让爱情升温。

当然，温柔说话需要智慧，更需要把握“火候”。温柔说话不是噘起嘴，把声音变细，做点可爱的表情和肢体动作就算是温柔了。

那么，如何要温柔地对爱人说话，可以这样做：

首先，语气轻柔，语速适中，不要过于急促或生硬。可以轻声细语地表达自己的想法和感受，用“亲爱的，我觉得……”这样的开头。

其次，多使用一些温暖的词汇，如“亲爱的”“宝贝”“甜心”等昵称，还有“好呀”“可以呀”“我知道啦”等表达肯定和理解的词。

再次，在表达诉求时，不要用命令式的口吻，而是用商量的语气，如“亲爱的，我们能不能……”。

最后，要给予爱人充分的关心和赞美，如“亲爱的，你今天看起来真帅”“亲爱的，你好厉害呀”，等等。

还有，要善于倾听爱人的话，在回应时展现出耐心和理解，说“我懂你呀，亲爱的”。

总之，要心怀爱意，将温柔融入每一句话中，让爱人感受到深深的关怀与温暖。

温柔的话语是爱情的润滑剂，它让爱情在岁月的长河中越发坚固和美好。当女性用温柔的话语与爱人交流时，她所传递的不仅是简单的情感，还是一种责任和承诺。这种承诺让爱情更加珍贵和持久，也让爱人常听不倦。

零成本，夸出听话的好老公

在生活中，一个体贴、听话的好老公，是需要夫妻双方共同经营和打造出来的。有趣的是，这种经营并不需要花费大量的金钱或物质投入，而是可以通过零成本的赞美和夸奖，激发出老公的积极面，使其变得体贴和听话。

赞美和夸奖是夫妻关系的润滑剂。当妻子以欣赏和感激的眼光看待老公，用温暖和真诚的话语表达对他的赞赏时，他会感受到来自妻子的爱和尊重，从而更加珍惜夫妻关系，并愿意为此付出更多。

在日常生活中，妻子可以从各个方面发现老公的优点和长处，并给予及时的赞美和夸奖。比如，当他主动帮忙做家务时，妻子可以说："亲爱的，你真是个细心的人，家里有你真是太好了！"当他在工作中取得成就时，妻子可以说："你真棒！我为你的努力感到骄傲！"这些简单的夸奖不仅能让老公感到开心和满足，还能增强他的自信心和责任感，使他更加愿意为家庭付出。

通过零成本的赞美和夸奖，不仅能够获得一个听话的好老公，还能让婚姻生活更加和谐、幸福。好老公是夸出来的，只有毫不吝惜地赞美他，让他深刻感受到妻子的爱意与体贴，婚姻才会变得更坚固、更美满。

秋叶和老公历经艰辛，终于拥有了属于他们自己的房子。在乔迁之日，秋叶邀请了几位同事来家里庆祝。

当同事们到来后，秋叶满脸笑容地对老公说："亲爱的，多亏有你，我们才有了这么温馨的家，你太厉害了！"老公听了心里美滋滋的，招呼秋叶的同事后就去厨房干活了。

在客厅里，秋叶和同事们愉快地聊天，时不时就夸老公的各种优点，如细心、能干、有责任感等。老公在厨房听到秋叶的夸赞，干活更卖力了，不一会儿就做出了一桌子色香味俱佳的菜肴。

大家入座后，秋叶依然不吝啬对老公的赞美："哇，老公，你做的菜真是太好吃了，我太有口福了，这杯酒得先敬你。"同事们也纷纷附和，氛围十分融洽欢乐。

第二天上班，闲聊时同事朱大姐对秋叶说："你老公本来就很好，你又这么会夸他，他肯定更疼你了。真的，好老公就是这样夸出来的。"

秋叶笑着点点头，她深知会说话、会夸老公的重要性，而他们的家庭也因为这样变得更加幸福美满了。

一个幸福美满的家庭，是需要夫妻两人用心经营的。妻子多一分宽容，多一分理解，多一分鼓励、欣赏，老公就会变得更加体贴。一个"听话"的好老公是夫妻双方共同努力、相互理解和支持的结果。当夫妻双方学会用欣赏的眼光去看待对方，用温暖的话语去鼓励对方，我们会发现，原来婚姻中的幸福是如此简单而美好。

当老公修理好了家里的小物件，可以满心欢喜地说："老公，你怎么这么厉害呀，什么东西到你手里都能轻松修好，你就是我们家的万能修理大师！"当老公细心地准备了一份小惊喜，可以感动地说："老公，你总是这么贴心，这么懂我，你的爱让我觉得自己是世界上最幸福的女人。"当老公偶尔下厨做了一顿美味的饭菜后，眼睛放光地称赞道："哇，亲爱的，这饭菜简直和大厨做得不相上下呀，你太有天赋了，我真是太有口福啦！"

就是这些看似平常的夸赞，却能在老公的心里种下温暖的种子，让他越来越愿意为家庭付出，越来越"听话"。不需要花费金钱，妻子只需要用合适的话语肯定他、鼓励他，就能收获一个贴心、优秀的老公，让家庭充满爱与幸福的芬芳。

妈妈的言语，孩子的力量

一位教育家说过：“父母教育孩子最基本的形式，就是与孩子谈话。我深信世界上最好的教育，是在和家长的谈话中不知不觉地获得的。”而作为家庭教育的主体——母亲，如何与孩子说好话，具有非常重要的意义。

在孩子成长的道路上，妈妈的言语犹如神奇的魔法，拥有塑造孩子心灵和未来的强大力量。

妈妈温柔鼓励的话语，能让孩子在面对困难时充满勇气。一句“宝贝，你可以的，妈妈相信你”，就如同给孩子注入了一股坚定的力量，让他们敢于去尝试、去挑战那些看似不可能的事情。孩子会在这种信任的氛围中，不断突破自我，变得更加自信和勇敢。

妈妈真诚赞美的言语，是孩子前进的动力。当孩子取得哪怕一点小小的进步，妈妈的一句“你真棒”“做得太出色了”，能让孩子的脸上绽放出灿烂的笑容，内心充满成就感。他们会为了再次获得妈妈的赞美而更加努力，不断挖掘自己的潜力，在成长的道路上稳步前行。

妈妈耐心教导的言语，是孩子明辨是非、树立正确价值观的指引。通过妈妈耐心地讲解道理、分析利弊，孩子能逐渐明白什么是对什么是错，懂得如何去做一个善良、有责任感的人。妈妈关爱的言语，更是孩子心灵的慰藉。一句“宝贝，妈妈爱你”，能让孩子在受伤时找到温暖的港湾，在疲惫时获得安抚。这种爱会成为孩子内心最坚实的依靠，陪伴他们度过人生的风风雨雨。

妈妈的言语，或如春风般和煦，温暖孩子的心田；或如灯塔般明亮，照亮孩子前行的方向。让我们每一位妈妈都用心去运用这神奇的力量，用言语为孩子的人生铺上坚实的基石，助力他们茁壮成长，走向美好的未来。

古今中外的事例证实，凡是创造力强、有天赋的孩子，大多有强烈的责任感和好奇心，有学习研究的热情。如果父母对孩子的这种特性不加以正确地引导，或者置之不理，那么孩子的天赋往往会被埋没。达尔文正是因为有一个会说话的母亲，才走上了生物研究的道路。

达尔文是英国生物学家、进化论的奠基人，他1859年出版了《物种起源》这一划时代的著作，在生物科学上完成了一次革命。

达尔文从小就爱幻想，他热爱大自然，尤其喜欢打猎、采集矿物和动植物标本。他的父母十分重视和爱护儿子的好奇心和想象力，总是千方百计地支持孩子的兴趣和爱好，鼓励他去努力探索，这为达尔文能写出《物种起源》这一巨著打下了坚实的基础。

有一次小达尔文和妈妈到花园里给小树培土。妈妈说：“泥土是个宝，小树有了泥土才能成长。别小看这泥土，是它长出了青草，喂肥了牛羊，我们才有奶喝，才有肉吃；是它长出了小麦和棉花，我们才有饭吃，才有衣穿。泥土太宝贵了。”听到这些话，小达尔文疑惑地问：“妈妈，那泥土能不能长出小狗来？”

“不能呀！”妈妈笑着说，“小狗是狗妈妈生的，不是泥土里长出来的。”

达尔文又问：“我是妈妈生的，妈妈是姥姥生的，对吗？”

“对呀！所有人都是他们的妈妈生的。”妈妈和蔼地回答他。

“那最早的妈妈又是谁生的？”达尔文接着问。

“是上帝！”妈妈耐心地说。

“那上帝是谁生的呢？”小达尔文打破砂锅问到底。

妈妈答不上来了。她对达尔文说：“孩子，世界上有好多事情对我们来说是个谜，你像小树一样快快长大吧，这些谜等待着你去解呢！”

于是，达尔文开始努力学习，以解除心中的一个个疑问。

母亲对孩子所产生的影响往往是在潜移默化中进行的，在朝夕相伴的过程中，这种影响甚至能够贯穿孩子的一生。就如同达尔文，倘若他没有一位能够循循善诱且懂得说话的妈妈，没有妈妈用那些充满鼓励的话语给予他坚定的支持，或许后来举世闻名的生物学家达尔文便不会出现了。

美国精神病学家威廉·哥德法勃说过：“教育孩子最重要的，是要把孩子当成与自己人格平等的人，给他们以无限的关爱。”只有像对待朋友那样去关爱子女，才有可能让孩子感受到平等。

在生命的旅途中，妈妈的言语如同指南针，为孩子照亮前行的道路。每一句温暖的鼓励、每一次耐心的教导、每一份深情的期盼，都化为孩子内心最坚实的力量。这些力量让孩子在风雨中不畏前行，在挫折中勇敢站起，在梦想的路上不断前行。

姐妹相处，良言消矛盾

在这个世界上，如果说有什么人能够与我们血脉相连、心灵相通，亲姐妹一定位列其中。然而，即便是最亲近的关系，由于各自的性格、观念等因素，难免也会有矛盾和分歧的时候。当意见不合或情绪碰撞时，良言就如同化解矛盾的神奇钥匙。例如一句温柔的“别生气啦，我们好好说”，可以瞬间平息即将燃起的怒火，让紧张的气氛缓和下来。

“我知道你是为我好，我们一起想想办法”，这样的话语能让对方明白彼此的心意，减少误解，增进理解。“对不起呀，刚才是我太冲动了”，真诚的道歉之语，能够打破隔阂，让姐妹之间的感情更加深厚。“你这个想法也不错呢”，肯定对方的话语可以避免争论升级，展现出尊重和包容。

姐妹相处，只要我们善于运用良言，就能在矛盾出现时及时将其化解。用温暖的话语表达关心、理解和歉意，就能让姐妹情更加稳固，共同走过人生的每一个阶段。

姐妹间的争执和误解，常常源于沟通不足或理解偏差。但当我们学会以理解、宽容和耐心为基础，用温和而真诚的话语去表达自己的想法和感受时，许多矛盾便能在无形中化解。良言不仅能够消除隔阂，还能增进姐妹间的感情，让亲情更加深厚。因此，在姐妹相处中，让我们学会用良言去沟通，用爱去包容，共同营造一种和谐、温馨的家庭氛围。

那么，如何通过良言的沟通和有效的解决策略，化解矛盾加深彼此的理解和感情呢？以下是姐妹间如何通过良言消解矛盾的几个要点：

首先，姐妹之间要建立一个开放和诚实的沟通环境。这意味着双方都要毫无顾忌地表达自己的感受和想法，而不是把不满和怨气积压在心里。例如，妹妹对姐姐的某个行为感到不满，可以表达出来，而不是通过冷战或是背后说坏话的方式处理。

在面对姐妹的不当行为时，采用建设性的批评和反馈非常重要。这包括指出问题的具体行为，表达自己的感受，提供改进的建议，而不是进行人身攻击或是无端的指责。比如，姐姐发现妹妹在没有询问的情况下用了自己的化妆品，她可以温和地指出："我注意到我的化妆品被用了，下次请先和我说一声好吗？这样我可以更好地准备。"

其次，姐妹间的共情和理解是缓解矛盾的关键。要多尝试站在对方的立场上思考问题，理解对方的行为背后的动机和情感。比如，当妹妹因为工作压力大而情绪低落时，姐姐要选择理解并给予支持，而不是责备。

宽恕和放下是保持姐妹关系和谐的重要因素。当矛盾发生时，选择宽恕对方的过失，并一起向前看，可以避免相同的矛盾在未来重演。例如，姐姐因为一次误解而与妹妹争执，事后可以主动道歉并解释误会的原因，争取得到对方的原谅。

再次，多参与共同的活动，以增进情感联系，减少因误解产生的矛盾。无论是一起看电影，还是一起旅行，这些共享的经历都是增强关系的良好方式。

最后，适时调整相处方式。随着时间的推移和生活情况的变化，姐妹之间的相处模式也需相应调整。定期检视和讨论彼此的关系，看看哪些相处方式有效，哪些需要改进，可以帮助双方更好地适应彼此的变化。

总之，姐妹之间的关系如同植物的生长，需要细心地呵护和不断地供给养分。通过以上的良言和策略，不仅可以有效地解决矛盾，还能加深彼此的理解与感情，使姐妹关系更加稳固和长久。在解决矛盾的过程中，要注重使用良言。良言如春风，不仅能平息怒火，还能促进心灵的成长和亲密的增加。

妯娌之间不说刻薄话

有人戏称：婆媳之间、妯娌之间的关系就是“天敌”关系，这句话得到了许多人的认同，这是把妯娌之间的互不搭理、剑拔弩张，甚至大动干戈的现实作了高度概括。如果你已经恋爱了，那么你在结婚之前，除为融洽婆媳关系做好功课外，一定还要做好与妯娌相处的心理准备。

一些女性爱为一些小事斤斤计较，处处总想着沾光，生怕吃亏。如果很不幸地，你遇到了这样一个女性做妯娌，那么你就一定要摆正心态。因为如果你也和对方一样以刻薄对刻薄，那么争吵斗气计较的日子就没完没了。如果妯娌之间能够谦让一点，不那么斤斤计较，说话不那么伤人，那么和睦相处也还是有可能的。

有两兄弟合伙在一所学校旁边开了一家饭店。由于经营有方，再加上地理位置优越，所以生意非常兴隆，兄弟俩也越干越起劲。但是，自从他们各自成家后，事情就变了。

两妯娌之间是你看我不顺眼，我看你不顺眼，回到家又向各自的老公抱怨对方的不是。以前利润分成，兄弟俩谁多拿点，谁少拿点，都无所谓。但是现在，就是差一元钱，两妯娌也闹个鸡犬不宁。

兄弟俩为此伤透了脑筋，最后不得不决定一个人经营，一个人退出。可是下决定容易，这个店由谁来接手难。这个店的生意好，自然是谁也不想轻易放弃。为此，两妯娌又大战一场。“你凭什么就说你家接手？”“我家老公是老大，出力多，自然归我们。”“就凭他那脑子，你老公管你都顾不及了，还管这个店的生意，真可笑。”两人就这样彼此讽刺，各不相让。

最后公公不得不插手此事，说大的应该让着小的，店留给弟弟，但以前盈利的钱，多分给老大一些，以作补偿。这下嫂子不乐意了，她不好找公公理论，就和弟媳吵起来。两人互相攻击，一家人搞得很不愉快。

妯娌来自不同的家庭，各自的生活习惯、性格爱好以及受教育程度等都不尽相同，甚至差别很大。但是，这并不能成为彼此相处不好的理由。如果双方都不谦让，想讨便宜占上风，那就会出现针尖对麦芒的局面，必然会把关系搞僵。而且，妯娌之间的矛盾如果处理不好就会影响兄弟之间的感情，甚至是一个家庭的和睦。

妯娌之间不说刻薄话是一种非常明智和值得推崇的相处之道。妯娌关系在家庭关系中占有特殊的地位，她们之间的相处方式不仅影响着彼此的感受，还会对整个家庭氛围产生深远的影响。

不说刻薄话可以避免不必要的冲突和争吵。妯娌之间由于各种原因可能会有不同的观点和看法，但如果在沟通时能够保持尊重和理解，避免使用刻薄或尖锐的语言，就能够有效地减少误解和矛盾的产生。

不说刻薄话有助于建立和谐的家庭氛围。当妯娌之间能够相互尊重、理解和支持时，家庭氛围会变得更加和谐、融洽。这样的氛围不仅有利于家庭成员的身心健康，还能够促进家庭关系的稳固和发展。

不说刻薄话也是一种基本的礼貌和素质。在与他人相处时，尊重他人、保持礼貌是基本的社交规范。妯娌之间作为家庭成员，更应该注重相互之间的尊重和礼貌，以建立和维护良好的家庭关系。

聪明的女性要懂得妯娌之间的相处最忌讳的是相互计较，说话刻薄，最可贵的是心胸宽广。既然已经成为一家人，那就要彼此把心放宽一点，少说刻薄话。

了解妯娌的脾气，做好切合实际的相处策略。每个人的兴趣爱好乃至性格脾气都不同，因而同一句话、同一件事，发生在不同人身上的感受、反应是不一样的。留心观察和分析妯娌的脾气、性格和喜好，说话时用对方能接受的方式表达，这样你们就能减少一些语言暴力，多些沟通。

总而言之，妯娌之间不说刻薄话，是维护良好关系的重要准则。当我们用理解和包容取代尖酸与刻薄，用友善和温和的话语交流时，妯娌间的情谊就能得以稳固和延续。

打破僵局，实现婆媳和睦正常化

婆媳关系自古以来就是家庭关系中较为微妙和复杂的一环。在现代社会，虽然传统的家庭结构已经发生了很大的变化，但婆媳之间的和谐相处仍然是家庭幸福的重要因素之一。

婆媳关系的融洽与否直接影响着整个家庭的团结、和睦、安宁、幸福，影响家庭成员的工作学习和家庭对外形象。对此，担任家庭“主力”角色的儿媳，应以良好的口才处理好与婆婆的关系，获取婆婆的信任和好感。

婆媳关系的好与坏往往体现在说话上，若在语言上多些理解、多些宽容，彼此多一些赞美和关心的话语，并且多注重一些有效的沟通方式，那么婆媳关系就不会像有些人所说的那样是一对“天敌”。当婆媳之间出现沟通障碍或矛盾时，打破僵局、实现和睦正常化就显得尤为重要。而在这个过程中，女性独特的沟通能力发挥着至关重要的作用。

李浩楠和婆婆的关系很是紧张，有时候因为一件小事就好几天不说一句话。李浩楠觉得婆婆总是对她百般挑剔，而婆婆则觉得儿媳妇不太会持家。

一天，李浩楠下班回家，看到婆婆在厨房忙碌，突然又觉得，其实婆婆也挺好的，于是深吸一口气，走进去笑着说："妈，您辛苦啦，今天做什么好吃的呀？"婆婆愣了一下，有点不自然地说："就随便做点家常菜。"李浩楠接着说："哇，都是我最爱吃的，谢谢妈。"这简单的几句话，让婆婆心里泛起了一丝不一样的感觉。

从那以后，李浩楠经常主动和婆婆聊天，分享工作中的趣事，关心婆婆的生活。婆婆渐渐也放下了成见，一次拉着李浩楠的手说："浩楠，以前是妈不好，咱们以后好好的。"李浩楠感动地说："妈，是我也做得不够好，以后我们都好好沟通，咱们这个家会越来越好的。"

要实现婆媳和睦正常化，儿媳妇要能够设身处地地为婆婆着想，表达理解与宽容，这种积极的沟通让婆婆内心释然，也促进了婆媳关系的和谐。婆婆也要理解儿媳妇的压力、挑战和生活方式，对其工作和个人需求给予充分的尊重。

由此可见，婆媳之间通过真诚、理解的话语进行交流，能够避免不必要的矛盾与误解，为家庭的和睦奠定坚实基础，有效沟通便是打开婆媳和睦之门的关键钥匙。那么，具体如何做才能打破僵局，实现婆媳和睦正常化呢？

作为儿媳妇，要奏好婆媳语言交际的交响曲，仅了解老人心理是不够的，还需要根据具体交际中的主题和目的，采取容易让老人接受的说话方式，否则就有可能令老人不快。

要主动和善于发现婆婆的优点，及时给予赞美。比如，"地拖得真干净""妈，您穿这种颜色的衣服真好看""妈，您能不能给我梳那种发式，我喜欢"，等等。这些不起眼的赞美可令婆婆心怀喜悦。

如果发生了争吵，争吵过后，作为晚辈，儿媳妇要主动向婆婆赔不是。可直接向婆婆陈述自己的不对之处，诚心请求原谅。如果一时嘴上转不过弯，不妨在行动上表示歉意，如多给对方一些关照，然后相机道歉。

由于年龄和时代的差异，婆婆和儿媳之间可能存在观念上的差异。作为婆婆，应尝试了解儿媳妇的生活方式、价值观，尊重其个人选择和决定。通过理解和尊重，减少矛盾和冲突。

当儿媳妇做得好时，婆婆可以适时地给予夸奖。在儿媳妇面对困难和挑战时，婆婆应给予支持和鼓励，帮助其渡过难关。这有助于增强婆媳之间的信任和依赖。婆婆应尊重儿媳妇的私人空间，不要过度干涉儿媳妇的生活和工作。通过保持适当的距离，可以减少矛盾和冲突，促进婆媳之间的和谐相处。

如果条件允许，婆婆可以选择独立生活，与儿媳妇保持一定的距离。这样既可以避免日常生活中的摩擦，又可以在需要时相互关心和帮助。

总而言之，打破僵局，实现婆媳和睦正常化，就要在沟通中避免指责和冲突，以开放和包容的心态去理解和接纳彼此的差异。